KB176158

whitebook.

유럽
건축을
만나다

FOR JANE

whitebook.

유럽 건축을 만나다

● **초판인쇄** 2014 06 03 ● **초판발행** 2014 06 03 ● **지은이** 유성지 ● **펴낸이** 채종준

● **펴낸곳** 한국학술정보(주) ● **주소** 경기도 파주시 회동길 230(문발동) ● **전화** 031) 908-3181(대표)

● **팩스** 031) 908-3189 ● **홈페이지** http://ebook.kstudy.com ● **E-mail** 출판사업부 publish@kstudy.com

● **등록** 제일산-115호(2000.6.19)

● **ISBN** 978-89-268-6161-5 03610

이담 Books 는 한국학술정보(주)의 지식실용서 브랜드입니다.

whitebook.

유럽
건축을
만나다

유성지 지음

이담 Books

FOREWORD

책을 쓰면서 문득
내 삶의 중요한
가치에 대해서
생각을 하게 되었다.

'왜 책을 써야 하지?'라는 질문이 매일매일 나를 괴롭혔기 때문이다. 여기에 대한 나의 대답을 찾은 결과, 그 끝은 참 싱거운 문장으로 남게 되었다.

"아름다움이 주는 감동을 나누고 싶어서."

그렇다. 내 가슴 깊숙한 곳에는 '삶은 아름답다'라는 명제가 자리 잡고 있다. 삶은 본질적으로 아름답다. 물론 그렇다고 해서 매일이 오색찬란한 봄날의 향연으로 가득하기만 한 건 아니다. 그러나 삶 속에는 아름다운 순간들이 꼭 한 번씩 찾아오는 것 같다. 이 세상이 참 아름다워 보이고, 타인의 존재가 고맙게 여겨지고, 세상의 따스함을 다시 한번 느끼게 되는 그러한 순간들. 이러한 순간들 속에는 감동이 있고, 그 감동의 원천에는 삶이든 사물이든 사람이든 아름다운 대상들(Objects)이 존재한다.

이러한 대상들을 발견하는 것의 즐거움을 나는 '디자인'에서 찾았다. 아름답게 디자인된 사물들을 바라볼 때마다 나도 모르게 가슴이 뛰었기 때문이다.

이러한 아름다움을 찾아서 지난 2010년 120여 일의 유럽 여행을 다녀왔고, 여행에서 느꼈던 점들을 정리하는 과정에서 나는 남들과 공유하고 싶은 세 개의 디자인 장르를 찾게 되었다.

신기하게도—사실 짜 맞춘 감이 좀 있지만—이 세 개의 카테고리가 다 한글의 'ㄱ'자로 시작됨을 발견했다. 'ㄱ'자로 시작되는 카테고리는 다음과 같다:

1. 건축 2. 가구 3. 글꼴

이 책은 그중 첫 번째 카테고리인 '건축'에 대한 나의 감동과 생각을 묶은 것이다.

글을 쓰다 보니,
문득 '내가 유럽 건축에 대한
책을 써도 될까?'라는
질문이 생겼다.

나는 건축을 전문적으로 공부한 적이 없기 때문이다. 그러나 이번 책을 쓰면서 나는 이 책의 본질이 건축이 아니라 오히려 건축을 매개로 한 감동에 있음을 깨닫게 되었다.

'전문가가 아니기 때문에 건축에 대한 감동을 더 많은 이들에게 전달할 수 있지 않을까?'

생각이 여기에 미치자 이 책이 지향하는 바를 한 문장으로 정리하게 되었다.

"감동이 고플 때마다 펼쳐보는 책"

여행이 가져다주는 기쁨 속에는 일상에서 벗어난 자유로움이 있다. 이 책을 읽는 경험이 마치 이와 같았으면 좋겠다.

우리 속에 도도히 흐르고 있는 보편적인 가치들. 삶을 아름답게 만들어 주는 감동들. 이러한 것들이 건축이라는 매개체를 통해서 우리의 일상에 전달된다면 얼마나 기쁠까? 마치 사진첩처럼 디자인에 대한 감동이 필요할 때 가벼운 마음으로 이 책을 펼쳐 볼 수 있었으면 좋겠다.

그래서 이 책은 여행 가이드북이나 에세이집이라고 하기보다, '디자인 여행 감동 산문집'이라고 분류하는 게 더 어울릴지도 모른다.

화이트북(whitebook)이
화이트북이 된 까닭

이러한 목적을 담기 위해서 책의 커버를 '하얀색'으로 기획했다. 내게 책이란 텍스트와 이미지를 전달하는 수단에서 그치는 것이 아니라 하나의 완성된 디자인 오브제(design objet)이기 때문이다.

책이 디자인 오브제라면 책은 펼쳐진 모습뿐 아니라, 닫혀 있는 모습도 아름다워야 한다. 현란하고 복잡하게 시선을 분산시키는 것이 아니라, 단순하되 기품이 있어 오랫동안 시선을 담을 수 있어야 한다.

또한 책의 내부 사진들도 대부분 화려한 건축 사진들이기 때문에, 오히려 커버를 통해서는 차분한 느낌을 전달하고 싶은 욕구도 있었다.

사실 흰색이란 두고두고 봐도 질리지 않는 색이면서 동시에 그때그때 새로움을 선사할 수 있는 색이다. 어떻게 보면 무미건조한 색인 흰색의 물성을 살려서 책의 제목을 '화이트북'이라고 지었다.

완성이 아니라 시작

이 책은 단행본이면서 동시에 단행본이 아니다. 하나의 완성임과 동시에 시작이다. 차후 나오게 될 개정판에는 건축들이 추가될 것이며, 시야가 원숙해짐에 따라서 내용 또한 보완될 것이다.

그 첫 번째 화이트북이 디자인에 대한 감동을 품은 아름다운 책이 되기를 바란다.

TABLE OF CONTENTS

이 책을 재미있게 읽기 위해서는
목차의 순서대로 읽기를 추천한다.

THE LABEL SYSTEM & PHOTOS

1. 디자인 매니페스토
이 책은 건축 그 자체가 아니라 오히려 건축을 바라보며 들었던 생각과 느낌을 정리한 '디자인 매니페스토(Design Manifesto)'를 중점으로 번호가 매겨져 있다.

이 디자인 매니페스토는 '디자인은 OO다'라는 명제로 되어 있으며, 총 **48**개가 있다. 실제 건축은 매니페스토의 숫자보다 더 많다.

2. 건축의 이름, 건축가, 도시 및 국가, 완공 연도
건축의 이름은 건축이 세워진 국가의 모국어로 표기했고, 건축가의 경우 책임 디자이너의 이름을 적었다. 연도는 건축이 최종 모습으로 완공된 시점이다.

3. 주소, 입장 시간 그리고 입장료
건축의 주소는 건축의 이름만큼이나 중요한 정체성이기에 주소 라벨을 꼭 넣어야 한다고 생각했다. 주소 라벨에는 건축의 명칭은 물론 건축의 지정학적 주소와 온라인상 주소가 표기되어 있다. 그 아래로 방문 가능한 요일과 개관 시간 그리고 입장료 등을 책이 쓰인 시점(2014년 봄)에 맞춰서 표기해놓았다.

01

디자인은 사랑이다

LA TOUR EIFFEL
GUSTAV EIFFEL
PARIS FRANCE
1889

La Tour Eiffel
Avenue Anatole France,
75007 Paris www.tour-eiffel.fr

June 16 — September 1:
9.00 am — 12.45 am

€ 14,50

왼쪽 위부터 시계 방향으로
1. 디자인 매니페스토
2. 건축의 이름, 건축가, 도시 및 국가, 완공 연도
3. 주소, 입장 시간 그리고 입장료

마치 탄산수 한 병을 사더라도 병 위에 상품명과 캐치 프레이즈 그리고
성량성분이 표기되어 있듯이 이 책의 각 건축에는 건축 이름,
이 건축을 하나의 문장으로 아우를 수 있는 문장과 단어,
그리고 건축의 세부정보에 대한 라벨(Label)이 표시되어 있다.
모든 페이지는 디자인 매니페스토 라벨이 가장 먼저 나온다.

모든 사진은 전 세계의 여행객들이 자유롭게 찍어서 올린 사진이며,
CCL(Creative Common License) 규정에 의거 저작권이 허가된 사진들이다.
사진에 대해서 더 많은 정보를 얻고 싶으면 이 책의 208페이지를 참고한 후,
플리커(www.flickr.com)에서 검색하면 된다.

이미 인터넷에는 수십만 장의 에펠탑 사진들이 지천에 널렸음에도 우리는 가서 굳이 또 에펠탑의 사진을 찍는다. 왜일까?

이유는 간단하다. 그 사진은 에펠탑에 대한 것이라기보다는 에펠탑을 매개로 한 내 추억과 감성을 끄집어내기 위한 도구이기 때문이다. 그때 내가 바라봤던 그 구도. 그때 내가 느꼈던 그 색감과 감동과 분위기와 여운. 비록 이러한 것들을 다 담지는 못하더라도 훗날 사진을 보면서 조금이나마

상기시킬 '여지'를 남겨두기 위해 찍은 사진들이 바로 일반인들의 건축 사진이다.

이를 담기 위해 나는 일반인들이 올린 건축 사진들을 검색하기 시작했다. 그중에서 가장 큰 도움을 받았던 사이트는 플리커다. 마치 바닷속에 있는 진주를 캐듯이, 오랜 기간을 걸쳐서 나는 좋은 사진들을 하나하나 추려냈고, 그 결과 이 책이 나올 수 있었다.

그래서 내게는 일반 여행객들의 사진들이 정겹고 소중하게 느껴진다. 무엇보다도 플리커를 통해서 전 세계에 있는 수백 명의 여행객들로부터 사진을 기증받아 책을 쓴다는 것 자체가 참 신기하고 놀라운 경험이었다.

여기에 쓰인 사진을 올려준 여행객들에게 감사하다.

THE DESIGN MANIFESTO

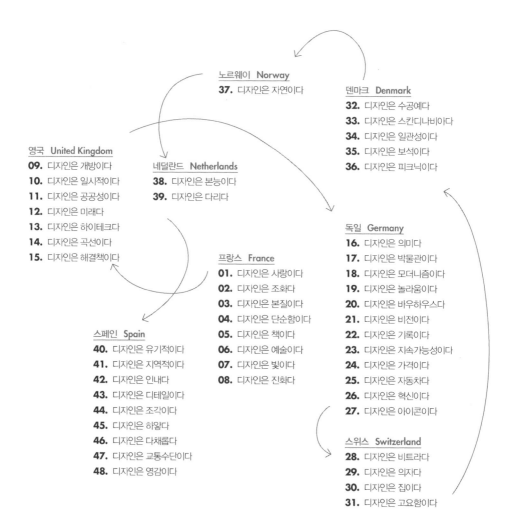

노르웨이 Norway
37. 디자인은 자연이다

덴마크 Denmark
32. 디자인은 수공예다
33. 디자인은 스칸디나비아다
34. 디자인은 일관성이다
35. 디자인은 보석이다
36. 디자인은 피크닉이다

영국 United Kingdom
09. 디자인은 개방이다
10. 디자인은 일시적이다
11. 디자인은 공공성이다
12. 디자인은 미래다
13. 디자인은 하이테크다
14. 디자인은 곡선이다
15. 디자인은 해결책이다

네덜란드 Netherlands
38. 디자인은 본능이다
39. 디자인은 다리다

독일 Germany
16. 디자인은 의미다
17. 디자인은 박물관이다
18. 디자인은 모더니즘이다
19. 디자인은 놀라움이다
20. 디자인은 바우하우스다
21. 디자인은 비전이다
22. 디자인은 기록이다
23. 디자인은 지속가능성이다
24. 디자인은 가격이다
25. 디자인은 자동차다
26. 디자인은 혁신이다
27. 디자인은 아이콘이다

프랑스 France
01. 디자인은 사랑이다
02. 디자인은 조화다
03. 디자인은 본질이다
04. 디자인은 단순함이다
05. 디자인은 책이다
06. 디자인은 예술이다
07. 디자인은 빛이다
08. 디자인은 진화다

스페인 Spain
40. 디자인은 유기적이다
41. 디자인은 지역적이다
42. 디자인은 인내다
43. 디자인은 디테일이다
44. 디자인은 조각이다
45. 디자인은 하얗다
46. 디자인은 다채롭다
47. 디자인은 교통수단이다
48. 디자인은 영감이다

스위스 Switzerland
28. 디자인은 비트라다
29. 디자인은 의자다
30. 디자인은 집이다
31. 디자인은 고요함이다

국가 순서는 2010년 실제 여행을 했던 순서다.
도시 순서는 건축별 테마에 맞게 정했다.

THE TRIP BEGINS

여행을 시작하다

PARIS
FRANCE

01 — 08

파리는 내게 가장
로맨틱한 도시다.

파리를 단 한 번이라도 가봤던 사람에게 파리는 쉽사리 잊을 수 없는
추억과 경험을 선사해 준다. 파리에 있으면서 가장 놀랐던 점은 단지
거리를 거닐며 하늘을 바라보는 그 순간마저도, 공원에서 빵 한 조각
베어 물며 사람들을 구경하는 순간마저도 특별하게 느껴졌다는 점이다.
처음 가본 도시이지만 마치 오랫동안 나를 기다려 왔던 연인을
만나는 듯한 그런 느낌의 도시.
낭만과 사랑의 도시 파리에서 소개할 건축은 총 8개이다.

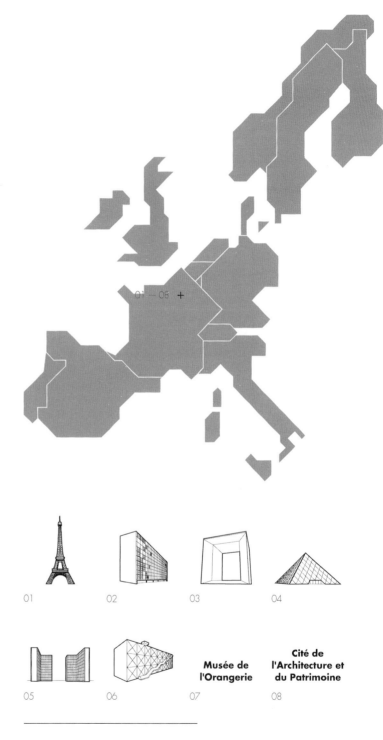

Musée de
l'Orangerie

Cité de
l'Architecture et
du Patrimoine

01   02   03   04

05   06   07   08

01 에펠탑   02 아랍세계인스티튜트   03 신 개선문   04 루브르 피라미드
05 프랑스 국립 도서관   06 퐁피두센터   07 오랑주리 미술관   08 건축 박물관

01
디자인은 사랑이다

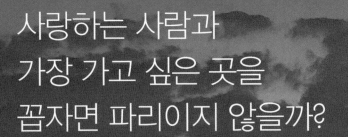

사랑하는 사람과
가장 가고 싶은 곳을
꼽자면 파리이지 않을까?

특별히 파리의 야경은 숨이 멎을 듯한 아름다움을 선사해 주는데
이는 다른 도시의 야경과는 차원이 다르다. 설명할 수 없는 로맨스가,
그 사랑스러움이 온 도시를 휘감는다. 아이러니하게도
이러한 로맨틱한 분위기는 19세기 말에 만들어진 철제 구조물,
그 이름도 유명한 **에펠탑(La Tour Eiffel)**으로 인해서 완성이 된다.

LA TOUR EIFFEL
GUSTAV EIFFEL
PARIS FRANCE
1889

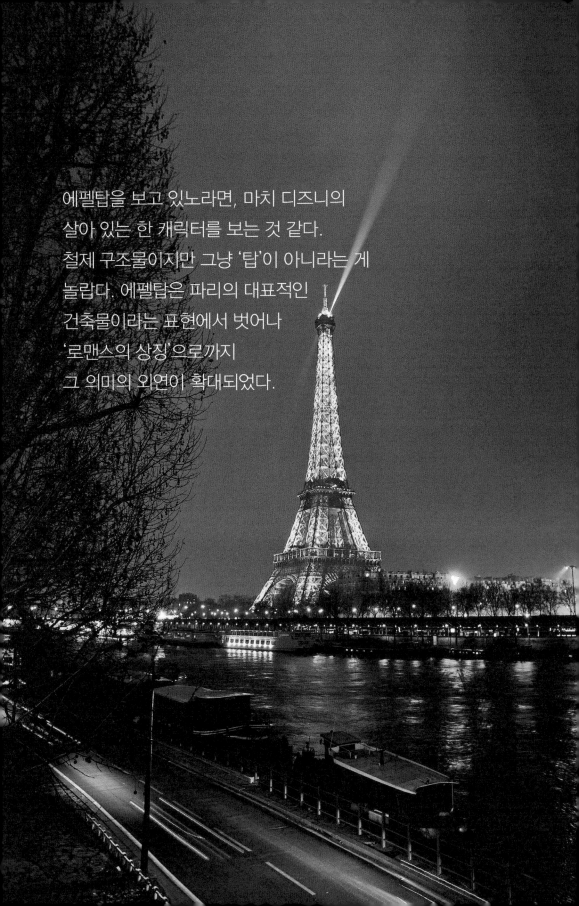

에펠탑을 보고 있노라면, 마치 디즈니의
살아 있는 한 캐릭터를 보는 것 같다.
철제 구조물이지만 그냥 '탑'이 아니라는 게
놀랍다. 에펠탑은 파리의 대표적인
건축물이라는 표현에서 벗어나
'로맨스의 상징'으로까지
그 의미의 외연이 확대되었다.

에펠탑을 배경으로 펼쳐지는 불꽃 축제는 7월 14일 밤에 보게 되었는데,
사진으로는 담을 수 없는 황홀함이 에펠탑을 감싼다. 마치 자신을 주변으로
펼쳐지는 불꽃의 향연을 바라보며 수줍은 듯한 모습이라고나 할까?
이를 바라보는 내 가슴도 덩달아 설렌다.

La Tour Eiffel
Avenue Anatole France,
75007 Paris www.tour-eiffel.fr

June 16 – September 1:
Lift & Stairs. 9.00 am – 12.45 am

Other times of the year:
Lift. 9.30 am – 11.45 pm
Stairs. 9.30 am – 6.30 pm

Lift:
2nd Floor. € 8,50
Top. € 14,50
Stairs:
2nd Floor. € 5,00

에펠탑은 명실상부하게도
유럽에서 가장 아름다운 건축물이다.

'몽파르나스 타워(Tour Montparnasse)' 두 개밖에 없다. 고풍스러운 건물 틈 사이로 철제 구조물이 세워졌으니 흉측할 법도 하지만, 파리는 이마저도 아름다움의 상징으로 승화시켰다.

무엇보다 에펠탑이 가지고 있는 가장 큰 장점은 파리 시내를 한눈에 바라볼 수 있는 파노라마 뷰를 선사해준다는 점이다. 에펠탑에서 바라보는 파리의 시내는 물론 아름답지만, 탑 위에 올라갔을 때 느낄 수 있는 바람과 분위기, 그리고 탁 트인 전망과 하염없이 펼쳐진 하늘은 그 자체로 해방감을 가져다준다. 이러한 해방감은 에펠탑에 대한 애착을 더욱더 강화시키고, 그렇기 때문에 에펠탑은 아무리 봐도 감사한 그리고 참 아름다운 건축물이라는 생각이 든다.

에펠탑은 분명 사랑하는 이와 함께하고 싶은 유럽의 첫 번째 건축물이다.

그런데 이러한 아름다움은 하룻밤 사이에 만들어진 것이 아니라, 오랜 기간에 걸쳐 쌓아온 것이다. 무엇보다 파리시가 지난 30여 년간 고수했던 (앞으로 고수할지는 모르겠다) '고도제한 법'에 의해서 파리의 시내에서 우뚝 솟은 건물은 에펠탑과

02
디자인은 조화다

<u>INSTITUT DU MONDE ARABE</u>
JEAN NOUVEL
PARIS FRANCE
1987

Institut du Monde Arabe
1 Rue des Fossés-Saint-Bernard,
75005 Paris www.imarabe.org

Tuesday — Friday: 10.00 am — 6.00 pm
Weekend: 10.00 am — 7.00 pm

€ 8,00

우리나라의 전통적인 디자인은
과연 어떤 디자인일까? 반대로
우리나라의 현대적인 디자인은
과연 어떤 디자인일까?

흔히 생각하는 동양과 서양의 조화 내지 동양과
서양의 융화는 우리가 생각하는 것 그 이상으로
어색하고 작위적으로 보일 때가 많다.
　그러한 면에서 **아랍세계인스티튜트(Institut**
du Monde Arabe)는 아랍의 전통과 모던한 감
성을 동시에 갖추고 있는 걸작이다.

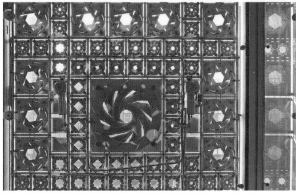

건물의 남쪽 면은 온통 창문으로 이루어져 있는데 각 창문에는 240여 개 부품으로 구성된 조리개가 일조량에 따라서 자동으로 열리고 닫히게끔 만들어져 있다. 일조량이 상대적으로 많은 아랍권의 건축 양식을 모티브로 가지고 온 개념인데, 아랍 디자인에서 볼 수 있는 기하학적인 패턴이 들어가 있는 것에서 그치지 않고 이를 기술과 접목시키려는 시도가 돋보인다.

그리고 왼쪽에 마치 UFO처럼 보이는 이 건물은 프랑스의 대표 패션 브랜드 샤넬(Chanel)의 현 수석 디자이너 칼 라커펠트(Karl Lagerfeld)가 의뢰해서 자하 하디드(Zaha Hadid)가 만든 파빌리온(Pavilion;임시 건축물)으로 2011년에 아랍세계인스티튜트에 기증되었다.

자하 하디드 특유의 반-바우하우스 적이며 반-모더니즘적인 곡선들이 인상적이다. 서울시의 동대문 디자인 플라자의 축소판처럼 보이기도 하는데, 이 건물로 인해 아랍세계인스티튜트에 가야 할 이유가 하나 더 생겼다.

03 디자인은 본질이다

**LA GRANDE ARCHE DE LA
DÉFENSE**
JOHANN OTTO VON SPRECKELSEN
PARIS FRANCE
1989

우리나라 글자의 'ㅁ(미음)'자같이 생겼다.
아마 'ㅁ 건물'이라고 해도 무방할 정도로
단순하다. 마치 내가 디자인을 한다 치더라도
단숨에 할 수 있을 만큼 그리기조차 쉬워보인다.

그러나 이 건축물은 파리의 구심지를
가로지르는 '역사의 축(Axe Historique)'의
중요한 부분을 담당하고 있는 신 개선문이다.
이 역사의 축의 반대편에는 그 유명한
'루브르 박물관'이 있다.

파리의 도심지를 가로지르는 역사의 축은 신 개선문(La Grande Arche de la Défense)에서 출발해서 '샹젤리제 거리(Avenue des Champs-Élysées)'를 가로질러 '개선문(Arc de Triomphe)'을 지나 '오벨리스크(Luxor Obelisk)'와 '루브르 박물관'까지 이어진다.

이렇듯 중요한 한 축을 담당하는 신 개선문의 디자인이 이렇듯 단순하면서도 결코 가벼워 보이지 않는 이유는 무엇보다 이 건축이 가지고 있는 비율(Proportion), 재질, 그리고 형태와 위치 때문인 것 같다.

이탈리아에서 직수입한 대리석으로 외장을 쓰고 건물의 앞에 계단을 넓게 배치해서, 사람들로 하여금 역사의 축을 바라볼 수 있게 만든 점이나 건물의 구조와 위치상 확 트인 느낌을 주는 등 신 개선문은 다양한 면에서 단순함을 위한 단순함을 뛰어넘은 건물이다.

La Grande Arche de la Défense

Tunnel de La Défense, 92800 Puteaux
www.grandearche.com

April 1 — August 31:
10.00 am — 8.00 pm
September 1 — March 31:
10.00 am — 7.00 pm

€ 10,00

이 'ㅁ'자처럼 생긴 신 개선문을 가만히 바라보고 있으면 인간 본연의 무언가를 건드리는 건물이 아닌가 하는 느낌이 든다. 비록 근래에 지어진 건물이긴 하지만 그 어떤 건축의 '본질'에 맞닿아 있다고 해야 할까?

대리석으로 이루어져 있기에 하나의 신전처럼 느껴지기도 하고, 너무나 단순한 모양을 가지고 있기에 모서리 부분의 디테일이나 건물 전체에 나 있는 선들을 하나하나 따라가 보기도 한다. 또 아무런 이유 없이 계단에 걸터앉아 수다를 떨거나 지나가는 사람들을 구경하기도 한다.

이 건축을 접하면서 우리가 행하는 이 모든 일련의 행위들 속에는 '건축을 있는 그대로 감상하고 즐길 수 있게 하는 힘'이 작용한다. 머릿속으로 간파하기 쉬운 그 어떤 형태 때문인지 몰라도, 신 개선문도 한 번 본 순간부터 머릿속에서 잊히지 않는다.

그리고 신 개선문이 가지고 있는 장점 중 하나는 이 건축을 바라볼 수 있는 뷰포인트 (Viewpoint)가 참 다양하다는 점이다. 이는 신 개선문이 '광장(Square)'이라는 점과 맞닿아 있기 때문에 가능한 것 같다. 신 개선문에는 보도가 넓게 펼쳐져 있는데 보행자들은 편하게 신 개선문 앞을 지나가면서 건물을 다양한 각도에서 바라볼 수 있고, 또 계단에 앉아 수다를 떨 수도 있다. 굳이 개선문 앞 어떤 카페에 들어가거나, 앉을 장소를 구하기에 급급할 필요 없이, 건축을 있는 그 자체로 바라보고 즐길 수 있는 게 신기하다.

광장 앞에는 줄을 서는 모습만 펼쳐지는 것이 아니라, 햇볕을 쬐고, 바람을 느끼고, 또 여유를 만끽하는 사람들의 모습을 볼 수 있다.

'ㅁ'자로 뻥 뚫려 있는 이 단순한 구조의 건축물 앞에서 시원한 바람을 만끽하며 파리에서의 하늘을 즐길 때의 해방감이란 이루 말할 수가 없다.

디자인은 단순함이다

PYRAMIDE DU LOUVRE

I. M. PEI

PARIS FRANCE

1989

위대한 디자인은 단순하다.

단순함이 각광을 받는 이유는 우리의 삶이 지나치게 복잡해져
버렸기 때문은 아닐까? 단순함은 너무나 많은 생각과 고민을 강
요받는 우리에게 '이게 답이야'라는 가르침을 준다.

Pyramide du Louvre
Mo Palais-Royal, 75001 Paris www.louvre.fr

Monday, Thursday & Weekend: 9.00 am — 6.00 pm
Wednesday, Friday: 9.00 am — 9.45 pm

Permanent Collections: €11   **Hall Napoléon:** €12
Combined: €15

Free Entry on the first Sunday
of each month & on July 14

커 상(Pritzker Prize)을 수상한 아이 엠 페이(I. M. Pei)는 루브르의 피라미드를 가장 단순하게 디자인했다.

물론, 피라미드를 실제로 보고 또 이를 지탱하고 있는 구조를 바라볼 때에는 전혀 '단순하다'는 생각이 들지 않지만, 외관상 피라미드가 가지고 있는 단순한 선들이 피라미드를 둘러싼 클래식한 선들과 확연한 대비를 만들어 낸다. 복잡함 속에서 단순함의 매력이 가장 잘 발휘되듯, 루브르의 피라미드는 단순함의 힘이 얼마나 강한지를 느낄 수 있게 한다.

루브르 피라미드(Pyramide du Louvre)는 1989년도에 지어졌는데 이는 엄청난 파격이었다. 루브르라는 위대한 역사, 예술적인 유산 앞에 유리로 된 모던한 피라미드 입구를 만든다는 건 오늘날 우리나라로 치자면 경복궁 내에 유리로 된 모던한 피라미드를 만드는 것과 별반 차이가 없다.

그럼에도 불구하고 중국계 미국인이자 프리츠

05 디자인은 책이다

BIBLIOTHÈQUE
NATIONALE DE FRANCE
DOMINIQUE PERRAULT
PARIS FRANCE
2006

이런 곳에서 공부하면,
하루 종일 공부할 수 있을지도
모른다(는 핑계를 대본다).

Bibliothèque nationale de France
Quai François-Mauriac, 75706 Paris Cedex
www.bnf.fr

Monday: 2.00 pm — 7.00 pm
Tuesday — Saturday: 9.00 am — 7.00 pm
Sunday: 1.00 pm — 7.00 pm

1 Day Card: € 3,50
*Free after 5 pm

프랑스 국립 도서관(Bibliothèque nationale de France)은 전직 대통령의 이름을 따 미테랑 도서관으로도 알려져 있으며, 그 디자인은 우리나라 이화여자대학교의 ECC(Ewha Campus Complex)를 디자인한 도미니크 페로(Dominique Perrault)가 맡았다.

네 개의 건물이 있고 그 중심에는 지하 중정(Sunken garden)이 있는데 국립 도서관을 보다 보면 '정말 프랑스는 돈이 많구나!' 하는 생각과 '국립 도서관이 이렇게 아름답다니 참 좋겠다!'라는 생각이 공존한다(결국, 같은 말일 수도 있다).

디자인 중에서도 도서관을 디자인하는 건 가장 아름다운 일 중에 하 I인 것 같다. 사람이 책을 읽으면서 지식을 쌓아가고 또 자신이 경험하지 못한 새로운 세상을 알아간다는 것만큼 즐겁고 또 놀라운 일이 있을까?

책을 읽는다는 건 그리고 이러한 책을 읽는 환경을 조성한다는 건, 어찌 보면 디자이너로서 최고의 영광이지 않을까? 그 어떤 건물도 도서관을 제외하고는 일반 대중의 지적 탐구를 위한, 사색을 위한 공간이 되지 못한다. 그러한 면에서 프랑스 국립 도서관은 정말 아름다운 디자인의 정수를 보여준다.

디자인은 예술이다

CENTRE GEORGES POMPIDOU
RENZO PIANO & RICHARD ROGERS
PARIS FRANCE
1977

곰곰이 생각을 해보니 '아름다움(Beauty)'이란
현대인들만이 추구하는 가치가 아니라는 생각이
들었다. 아름다움에 대한 열망과 열정이
표출된 것이 바로 예술이지 않은가?
사람이 빵으로만 살 수 없는 것처럼,
우리에게는 육체적인 갈증 외에도
정신적인 갈증을 채워줄 그 무언가가 필요한데,
그러한 것들 중 하나가 바로 예술이다.

퐁피두센터(Centre Georges Pompidou)의 꼭대기에서는 파리의 파노라마 뷰를 볼 수 있다. 고도제한으로 인해서 고만고만한 크기의 건물들 뒤로 우뚝 솟은 에펠탑이 보인다.

Centre Georges Pompidou
Place Georges Pompidou, 75004 Paris
www.centrepompidou.fr

Closed on Tuesday
Other Days: 11.00 am — 10.00 pm
Thursday: 11.00 am — 11.00 pm

€ 13,00

Free Entry – first Sunday of each month

퐁피두센터는 그 이름도 유명한 렌조 피아노(Ren
zo Piano)와 리처드 로저스(Richard Rogers)가 공
동으로 만든 1970년대의 작품이다. 독특한 건물
외관만큼이나 특이한 점은 이 건축이 가지고 있는
철학이다. 내부 공간에 더 큰 비중을 두고 공간을
자유롭게 쓰기 위해서 건물 내부에 있는 배관이나
심지어는 에스컬레이터 등을 건물 밖으로 빼버렸
다. 그래서 퐁피두센터의 정면에 나 있는 붉은색
의 유리 통로는 다름 아닌 에스컬레이터이다.

퐁피두센터 앞에는 광장이 있고 그 앞에는 빵을 먹는 사람, 악기를 연주하는 사람, 그냥 누워서 이야기를 하는 사람, 연인들끼리 애정 행각을 벌이는 사람 등 다양한 사람들이 있다. 이러한 광장과 연계되어 있는 건축물의 장점은 여유가 넘친다는 것이다. 그리고 건축을 바라볼 수 있는 뷰포인트가 다양하다는 점이다.

퐁피두센터는 디자인의 출발점이 '예술'임을 부각시켜 줬다. 예술은 디자인의 모태와 같다. 예술에 대한 인류이 축적된 지식과 역사가 없었다면, 오늘날의 디자인은 없었을 것이다. 그렇기에 수없이 많은 (특히 패션 업계의) 디자이너들은 예술 작품이야말로 영감의 원천이라고 한다. 그런데 일반인들이 '예술 작품'을 그렇게 감상할 일이 많을까?

퐁피두센터는 그러한 면에서 예술 작품을 손쉽게 볼 수 있게 만들었다. 무엇보다 건축이 독특하게 아름답다. 결국 안에 들어가 보고 싶은 마음이 들게 한다. 퐁피두센터는 예술이란 것이 '어렵기만' 한 것이 아님을 알게 해주는 고마운 건축이다.

07

디자인은 빛이다

예술 작품들은 보관상의 이유로 빛에 대해
예민할 수밖에 없다. 그런데 **오랑주리 미술관**
(Musée de l'Orangerie)에 들어서면 갤러리의
천장에 인공 빛은 없고 (직사광선이 아닌)
자연 채광이 들어온다. 이처럼 대담한 오랑주리
미술관에는 인상주의의 대표적인 화가 '클로드
모네(Claude Monet)'의 '수련(Water Lilies)'
작품들이 걸려 있다.

MUSÉE DE L'ORANGERIE
BROCHET LAJUS PUEYO
PARIS FRANCE
1922

Musée de l'Orangerie
Jardin des Tuileries, 75001 Paris www.musee-orangerie.fr

Monday, Wednesday, Friday, Saturday & Sunday: 11.00 am — 10.00 pm
Thursday: 11.00 am — 11.00 pm

€ 13,00

Free entry on the first Sunday of each month

특히 수련을 전시해놓은 갤러리의 구조가 특이한데 수련 작품의 너비가 **2m**를 넘기에, 방 자체가 타원형으로 되어 있고 '수련' 작품들이 그 방 안의 벽을 가득 메운다. 이러한 방의 구조도 신기하지만 시간이 지남에 따라서 자연스럽게 빛이 바뀌고 마치 수련들이 정말 살아 움직이는 듯한 느낌을 주는 경험은 황홀하기까지 하다.

오랑주리 미술관은 왜 인공 빛이 아닌 자연 빛을 썼을까? 물론 자연 채광을 통해 작품을 보는 미술관이 오랑주리 미술관뿐은 아니지만 이러한 자연 빛을 통해서 '수련'을 보게 되면서 한평생 빛을 그려냈던 모네를 생각하게 되고, 또 빛에 대해 생각을 하게 될 수밖에 없다.

생각해보면 인공적인 빛은 온·오프 스위치가 있어 원하는 때에 켜고 끌 수가 있으며, 언제나 동일한 색을 지니고 있지만, 자연의 빛은 그렇지 않다. 자연의 빛은 연속적이며 시간의 흐름에 따라서 변한다. 이러한 자연의 빛을 그대로 살린 채 모네 필생의 걸작이라고 할 수 있는 수련을 감상하는 건 오랑주리 미술관에서만 누릴 수 있는 특권이다.

CITÉ DE L'ARCHITECTURE
ET DU PATRIMOINE
PARIS FRANCE
2007

08 디자인은 진화다

**Cité de l'Architecture
et du Patrimoine**
Palais de Chaillot,
1 place du Trocadéro, 75116 Paris
www.citechaillot.fr

**Closed on Tuesday
& Other days:**
11.00 am – 7.00 pm
Thursday:
11.00 am – 9.00 pm

€ 8,00

**Free entry on the first Sunday
of each month**

사람이 입고 있는 옷이 진화했듯이 건축도 시대에 따라서 진화했다. 권위를 드러내기 위해서 첨가되었던 장식물들이 모더니즘과 효율성의 미명하에 사라져 버렸듯, 건축의 역사를 살펴보면 오늘날의 건축이 어떻게 해서 이렇게 되었는지에 대한 궁금증이 어느 정도는 해소가 된다.

물론 건축학과를 전공하지 않고 건축사에 대해서 해박한 지식을 가지고 있지 않은 이들에게 건축 박물관(Cité de l'Architecture et du Patrimoine)이 100% 유용하지 않을 수도 있다. 그러나 수천 년간 아름다움과 기능을 동시에 추구했던 건축의 역사를 찬찬히 보게 될 때, 건축의 과거만 배우는 것이 아니라 앞으로 건축이 어떻게 진화해 나갈지 상상을 하게 된다.

LONDON
UNITED
KINGDOM

09 — 15

런던의 감성은
파리와 다르다.

런던은 파리와 비교하면 인구가 세 배가 넘으며, 인구 밀도만 따져도 네 배가 넘는다.
때문에 파리에서는 여유로움을 느꼈다면 런던에서는 서울과 비슷한 복잡함과 혼잡함이 느껴진다.
다만 런던은 세계 최고 수준의 공공 디자인을 통해서 이러한 혼잡함을 해결해 준다.
런던하면 떠오르는 튜브(Tube; 지하철) 혹은 붉은색의 루트마스터 더블데커(Routemaster Double-
decker; 버스) 등을 생각해보면 런던의 아이콘이 얼마나 시민적인지 깨닫게 된다.
런던에서의 디자인은 일상이다.

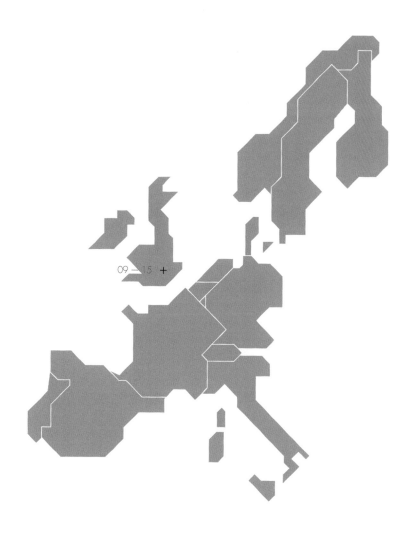

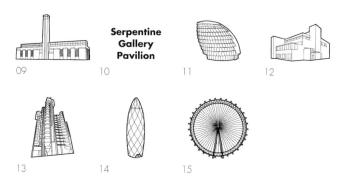

Serpentine
Gallery
Pavilion

09   10   11   12

13   14   15

09 테이트 모던   **10** 서펀타인 갤러리 파빌리온   **11** 런던 시청사   **12** 디자인 뮤지엄
13 로이드 빌딩   **14** 30세인트메리액스   **15** 런던아이

09
디자인은 개방이다

TATE MODERN
HERZOG & DE MEURON
LONDON UK
2000

사진에 찍힌 모습은 2008년에 전시된
그라피티 아티스트들에 대한 전시
'거리 예술(Street Art)'의 모습이다.
건물의 외벽을 전시에까지 활용할 수 있는
자신감과 개방성. 세계에서 가장 유명한
현대 미술관 중 한 곳인
테이트 모던(Tate Modern)이다.

테이트 모던과 성 베드로 성당을 잇는 다리는 말도 많
고 탈도 많았던 보행자 전용 다리 '밀레니엄 다리(Mille
nnium Bridge)'이다.

테이트 모던 터빈 홀(Turbine Hall)

테이트 모던은 뱅크 사이드
화력 발전소로 쓰이던 폐건물을,
영국의 밀레니엄 프로젝트의 일환으로
현대 미술관으로 새롭게 리모델링한
성공적인 사례로 손꼽힌다.

Tate Modern
Bankside, London SE1 9TG
www.tate.org.uk/modern

Sunday — Thursday: 10.00 am — 6.00 pm
Friday — Saturday: 10.00 am — 10.00 pm

Free of Charge

프리츠커 상을 수상한 것으로 유명한 스위스의 건축 듀오 헤르초그 & 드 뫼롱(Herzog & de Meuron)이 리모델링을 하면서 가장 신경을 쓴 곳은 오히려 터빈 홀(Turbine Hall)이 아닌가 하는 생각이 든다. 광활하게 개방되어 있는 공간인 큼이나 테이트 모던의 정신이 드러나는 곳이 없는 것 같기 때문이다. 무언가를 더 채우거나 하지 않고, 완전히 비워버리는 것. 공짜이기에 그 누구나 손쉽게 접근할 수 있고, 이 개방된 터빈 홀을 전 세계 다양한 아티스트들이 적극적으로 활용할 수 있도록 한 것. 이러한 개방성을 전략적으로 활용해서인지 테이트 모던은 2012년에 현대 미술관의 Top 3라고 할 수 있는 퐁피두센터와 뉴욕의 현대미술관을 제치고 세계 1위의 방문자 수를 기록했다.

급격한 재개발로 인한 성장통을 겪었던 우리나라와는 달리 유럽에서의 건축들은 100년, 200년 된 경우가 많다. 테이트 모던의 경우도 60년이 된 건물을, 그것도 10여 년간 방치되었던 '폐건물'을 7년여 간의 구조 변경 작업을 거쳐서 새롭게 개관했다고 하니, '지킬 건 지킨다'는 것이 무엇인지 배우게 된다.

위 사진부터 반시계방향으로:
아이 웨이웨이(Ai Weiwei)
도리스 살체도(Doris Salcedo)
레이철 화이트리드(Rachel Whiteread)

매해 아티스트들이 터빈 홀을 사용해서 자신의
작품을 선보일 수 있게 하는 '유니레버 시리즈'의
작품들 중 사진에 나와 있는 것들만 소개를 하자
면, 바로 위 사진부터 중국의 인권 운동가로도
알려진 아이 웨이웨이의 작품 '해바라기 씨앗들'
이다.

바닥에 깔려 있는 건 실제 해바라기 씨앗들이
아니라 중국에서 공수해온 도자기로 빚은 작품들
이며 그 수량만 해도 1억 개가 넘는다. 이 작품은
오늘날 사회에서 개인이 가지고 있는 의미는 무
엇인지에 대해서, 개인과 대중에 대한 관계성에
깊은 질문을 던진다.

두 번째 사진은 콜롬비아 출신의 조각가 도리
스 살체도의 '쉬볼레스'라는 작품이다. 정갈하고
담백한 테이트 모던의 터빈 홀에 금이 간 바닥이
보여주는 이 분열과 상처는 '모더니즘'이 가지고
있는 허상과 허구에 대해서 경고한다.

세 번째 사진은 레이철 화이트리드의 '임뱅크
먼트'이다. 1만 4천 개의 투명한 흰색 폴리에틸렌
(플라스틱)으로 만들어진 박스들이 쌓여 있으며
익숙한 소재를 낯설게 배치함으로써 방문객들에
게 이질감을 준다.

SERPENTINE GALLERY
PAVILION
VARIOUS ARCHITECTS
LONDON UK
EVERY YEAR

Serpentine Gallery Pavilion
Kensington Gardens, London W2 3XA
www.serpentinegallery.org/architecture

June or July — August

Free of Charge

파빌리온(Pavilion)은 가설 건물을 의미한다.
우리나라의 경우 운동회가 열릴 때 주로 설치되는
천막 등이 파빌리온의 한 개념이다.
파빌리온은 짧은 시간 내에 건물이 들어설 공간의
쓰임새와 의미를 새롭게 만들어내야만 하기에
기발한 디자인은 물론 건축가의 세계를
엿볼 수 있는 소중한 기회가 된다.

가장 왼쪽부터 시계방향으로:
장 누벨
(Jean Nouvel 2010)
프랭크 게리
(Frank Gehry 2008)
페터 춤토르
(Peter Zumthor 2011)

서펀타인 갤러리(Serpentine Gallery) 파빌리온은 런던의 대표적인 하이드 공원(Hyde Park) 중심에 위치해 있기 때문에 훌륭한 입지를 가지고 있다. 사람들은 이 갤러리의 파빌리온을 보기 위해서도 공원을 찾아오는데, 전 세계의 내로라하는 건축가들이 이 파빌리온을 돌아가며 지으면서 파빌리온 자체가 하나의 명소가 되어 버렸기 때문이다.

서펀타인 갤러리는 매해 여름 2~3개월간만 임시로 사용될 파빌리온을 국제적인 건축가에게 맡기는데, 지금까지 참여한 건축가들의 리스트 업이 어마어마하다(세부내용은 웹사이트 참조).

서펀타인 갤러리 파빌리온은 마치 건축가들의 TED 공연과도 같다. 가건물이기에 구조의 제약이 덜하며, 공간 자체가 협소하기 때문에 이 공간을 어떻게 활용하는가를 집약적으로 뽐낼 수 있는 기회의 장이 되기 때문이다. 이러한 일시적인 건축물에도 자신의 혼을 담아 작품을 만들어내는 건축가들은 물론, 이러한 프로그램을 매해 진행할 수 있는 서펀타인 갤러리 그리고 이를 매해 자유롭게 이용할 수 있는 런더너들이 부러울 따름이다.

CITY HALL OF LONDON
NORMAN FOSTER
LONDON UK
2002

우리나라의 시청이 새롭게 디자인되었다고
들었을 때, 런던의 시청이 떠올랐다.
'도대체 어느 수도의 시청이 아름다울 수 있을까?'
라는 생각을 완전히 바꿔버린 건축이 바로
런던 시청사(City Hall of London)였기 때문이다.

City Hall of London
Greater London Authority, City Hall,
The Queen's Walk, London SE1 2AA
www.london.gov.uk/city-hall

Monday — Thursday: 8.30 am — 6.00 pm
Friday: 8.30 am — 5.30 pm

Free of Charge

또한 시청 앞에 있는 광장과 그 옆에 있는 잔디 밭은 우리나라의 시청과 비슷하지만 그 주변으로 어떠한 차도도 나 있지 않다는 점이 매우 감사했다. 난간을 잡고 바로 템스 강을 바라볼 수도 있고, 멋진 석양을 배경 삼아 시청 앞에서 템스 강을 운치 있게 둘러볼 수도 있기 때문이다.

런던 시청은 일반인들에게 개방되어 있을 뿐만 아니라, 템스 강을 바라볼 수 있는 좋은 전망대의 역할을 하기도 한다. 시청이 이 정도의 공공성을 지니고 있다면, 이러한 시청에서 일하는 사람들이나 이러한 시청을 수용하는 시민들의 의식수준은 어떠할까?

디자인의 공공성이란 건축의 외관 및 캐치프레이즈가 아니라, 실용적이며 합리적인 사고와 이를 지지하는 디자인에 의해서 가능케 됨을 배운다.

런던 시청사는 영국의 스타 건축가인 노먼 포스터(Norman Foster)가 맡은 프로젝트로 공공 디자인의 표본이 됐다.

무엇보다 시청을 달걀 형태로 만들 수 있다는 형태적인 측면도 놀라웠지만, 통유리를 써서 태양열을 쓰는 방식이나 자연 채광을 최대한 활용하는 '그린 디자인(Green Design)'을 실제로 실천할 수 있는 실용적인 디자인이 아름다울 수도 있다는 사실에 두 번 놀랐다.

DESIGN MUSEUM
TERENCE CONRAN
LONDON UK
1989

12
디자인은 미래다

Design Museum
Shad Thames, City of London SE1 2YD
www.designmuseum.org

Daily:
10.00 am — 5.45 pm

£ 8,00

템스 강변에 세워진 흰색 외벽의 이 건물의 이름은 **디자인 뮤지엄(Design Museum)**이다.

세계 최초의 디자인 박물관이라는 타이틀이 붙기도 하고, 신진 디자이너들의 작품들을 소개해주기도 하는 디자인 뮤지엄은 사실 공간적인 의미에서 어떤 독특함이 있다거나 혹은 전시에 있어서 차별화된 경험을 제공해주지는 못한다. 그럼에도 불구하고 디자인 박물관이 가진 최대의 장점은 무엇보다 전시가 '쉽다'라는 점이다.

디자인 뮤지엄은 '디자인의 미래란 무엇인가?'에 대한 화두를 던지고 있으며 디자인의 대중화, 나아가서는 디자인의 일상화에 대해서 가장 전략적으로 그리고 지혜롭게 접근을 하고 있다. 디자인 뮤지엄의 이름으로 출판된 책들은 대중이 재미있게 읽을 수 있게끔 디자인이라는 주제의 가벼움과 동시에 무거움에 대해서 다루고 있다. 이러한 접근으로 인해 영국은 세계적인 디자인 선진국의 대열에 들어섰고, 실제 디자인에 대한 일반 시민들의 의식과 수준이 놀라울 정도로 높음을 종종 목격하게 된다.

13

디자인은 하이테크다

LLOYD'S BUILDING

RICHARD ROGERS
LONDON UK
1986

마치 만화영화 '천공의 성 라퓨타'를
보는 듯하다. 아니면 '하울의 움직이는 성'을
보는 것 같기도 하다. 미야자키 하야오 감독이
그려낼 법한 그런 기계들이 실제 건축이 되어서
런던 도심지 한복판에 자리를 잡고 있다.

Lloyd's Building
1 Lime Street, London EC3M 6
www.lloyds.com/lloyds &
www.londonopenhouse.org

**London Open House 2013
September 21 & 22:**
10.00 am — 4.00 pm

Private

**Access through
London Open House Only**

기업이 소유한 건물이라서 일반인들은 '런던 오픈 하우스'라는 행사를 통해서 1년에 한 번 들어가 볼 수 있다. 그럼에도 불구하고 공개된 내부 사진을 보면, 이 건물이 그냥 단순한 '회사 건물'이 아님을 알 수가 있다. 구조를 의도적으로 노출시키고, 강한 대비를 통해, 우리의 일상을 지배하는 듯한 기술을 숨기는 것이 아니라 아예 드러내놓고 선전을 한다.

예술의 발전에 가장 기여를 한 건 예술가들의 독창성 그리고 새로운 것을 향한 끊임없는 열망이겠지만, 이와 더불어 기술의 발전이 가져온 기여도 무시할 수 없다. 리처드 로저스는 기술의 진일보함을 건축의 구조로 전면에 내세움으로써 지금까지는 볼 수도 또 경험할 수도 없었던 오피스 빌딩을 만들어냈다.

로이드 빌딩(Lloyd's Building)은 퐁피두센터(Centre Pompidou)로도 유명한 리처드 로저스 경(Sir Richard Rogers)의 작품이다.

14

디자인은 곡선이다

**30 ST MARY AXE
(THE GHERKHIN)**
NORMAN FOSTER
LONDON UK
2004

'매끈하다'라는 단어로 표현하기에 가장
적합한 건축이다. '거대한 오이(The Giant Gherkin)'
라는 별명이 붙은 이 건축은 말 그대로
오이 형상을 닮았다. 그런데 오이가 유리로
만들어져 있다. 그것도 석조 건물들이
즐비한 거리에서. 이러한 아이러니와 대조가
낳는 이질성이 오히려 이 건물을
더 특별하게 만들어 준다.

대범하다는 건 그만큼 자신이 있다는 거다.
놀랍게도 이 거대한 오이는 천장에 있는
돔 형식의 유리를 빼고는 전부다
평면으로 된 유리로 이루어져 있다.

평면 유리 패널을 이용하되 구조와 각도만으로
빈틈이 없이 매끄러운 오이의 형상을
만들었다는 건데 이러한 기하학적인 부분을
치치하고서라도, 곡선을 이렇게 아름답게
접목시킨 건물이 또 있을까 싶다.

**30 St Mary Axe
(The Gherkin)**
City of London, London EC3A 8
www.30stmaryaxe.com

Private

무엇보다 '곡선'은 '직선'과 상충될 수밖에 없다. 오스트리아의 건축가였던 훈데르트 바서가 남긴 '신은 직선을 창조하지 않았다'라는 말 속에는, 직선이란 인공적이며 더 나아가 인간성의 상실을 의미한다는 뜻이 담겨 있다.

그런데 노먼 포스터(Norman Foster)는 이를 완전히 뒤바꿔 놓은 셈이다. 직선만으로 이루어진 건축물이 곡선을 띠게 될 때, 오히려 자연의 그 어떠한 곡선보다 더 아름다울 수 있고 동시에 '모던'한 느낌을 가질 수 있음을 증명해 보인 것이다.

이러한 타원형의 건물은 사실 런던의 시청에서도 찾아볼 수 있지만, 이 건축이 가지고 있는 규모와 스케일, 그리고 상업적인 용도로 볼 때 **30 세인트메리액스(30 St Mary Axe)**는 자연의 곡선과 극명하게 대비되는 인간이 만들어낸 곡선의 미학을 대변하는 건축이다.

디자인은 해결책이다

15

놀이기구가
런던의 아이콘이
될 수 있을까?

단순한 놀이기구가 아니다.
런던아이(EDF Energy London Eye)는 21세기의
애펠탑이다. 런던아이에서 영국이 디자인을 바라
보는 철학과 시야의 깊이가 드러난다.

**EDF ENERGY
LONDON EYE**
FRANK ANATOLE & OTHERS
LONDON, UK
2000

London Eye
(EDF Energy London Eye)
EDF Energy London Eye Riverside Building
County Hall Westminster Bridge Road
London SE1 7PB
www.londoneye.com

*Refer to the website:
10.00 am — 8.30~9.30 pm

Standard Ticket
£ 17,28

런던아이는 다양한 면에서 잘 만든 디자인이다. 그리고 이러한 말을 자신 있게 할 수 있는 가장 큰 이유는 런던아이의 수익성이 매우 좋기 때문이다. 이는 우연의 일치가 아니라 잘 짜인 디자인 전략의 당연한 결과이다.

런던아이는 결코 값이 싸지 않다. 그러나 런던아이가 주는 파노라마의 가격은 값을 매길 수 없다. 사방이 유리로 되어 있고 약 30분이 걸리는 시간 동안(이 시간은 결코 길지도 그리고 짧지도 않다) 다양한 고도에서 런던의 파노라마를 볼 수 있는 건축은 지금까지 없었다. 런던아이는 바로 이 문제점을 훌륭하게 해결했다.

더군다나 런던아이는 이를 단순한 '놀이기구'로 여기지 않고 밸런타인데이를 위한 특별한 임대 행사 및 그룹투어를 위한 예약 행사 등 다양한 패키지 상품을 내놓음으로써 런던아이를 통해 얻을 수 있는 '경험'을 다각화시켰다.

그러나 무엇보다도 런던아이가 이러한 성공을 할 수 있었던 가장 큰 이유는 예쁘기 때문이다. 런던아이는 매우 단순한 구조로 되어 있는데, 일반적으로 회전관람차의 양쪽에는 지지대가 있어야 하지만, 런던아이에는 한쪽에만 지지대가 있어서 관람차의 시야가 전면 확보됨은 물론 회전하는 관람차의 이미지가 훨씬 더 쉽게 확보된다.

에펠탑과 비교했을 때 훨씬 더 상업적이지만 그럼에도 불구하고 수익성과 훌륭한 디자인이라는 두 마리 토끼를 다 잡은 런던아이에 찬사를 보내지 않을 수 없다.

BERLIN GERMANY

16 — 19

독일은 아픈 역사를 외면하지 않았다.

세계 2차 대전을 일으킨 전범 국가이자 1990년대까지 분단의 아픔을 겪었지만,
이러한 뼈 아픈 역사를 되풀이하지 않겠다는 결연한 의지가 보인다.
특별히 독일은 이를 디자인이라는 힘을 통해서 해결하고자 하는데
단순히 역사적인 문화 유산을 보존하는 차원을 넘어서 적극적으로
역사를 규명하고 이를 알기 쉽게 후세대들에게 전달하고자 한다.
이러한 노력의 중심에는 베를린이 있다. 유학생들의 천국이자
유럽의 중심지치고 값싼 물가 때문에 예술가들이 몰려드는 이 도시에서는
4개의 건축을 소개하고자 한다.

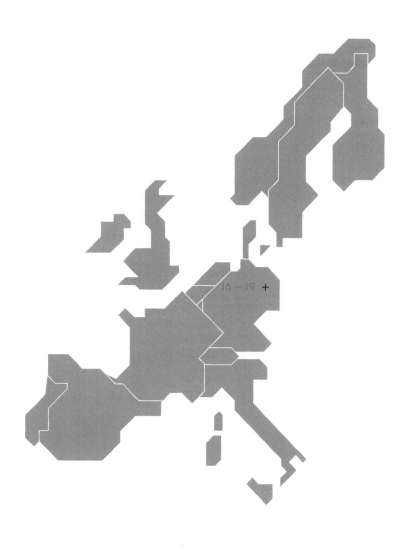

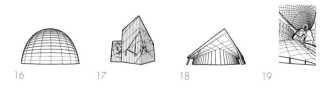

16 17 18 19

16 라이히스탁 돔(국회의사당 돔) **17** 베를린 유대인 박물관 **18** 뉴 내셔널갤러리
19 DZ 은행

디자인은 의미다

REICHSTAG DOME
NORMAN FOSTER
BERLIN GERMANY
1999

국회의사당 건물은 돔 형식이 일반적이다.
우리나라의 경우도 국회의사당의 돔은
다양한 의견을 수렴해서 하나로 모은다는
의회민주정치를 상징한다.

그런데―나를 포함해서―일반 국민들이 우리나라 국회의사당의 돔을 보고 그러한 생각을 품을 수 있을까? 아마 이 책을 통해서 알기 전까지는 국회의사당의 돔이 무엇을 상징하는지 몰랐을 가능성이 더 크다.

그러나 독일의 국회의사당 돔(Reichstag Dome)은 그러한 생각을 단숨에 뒤집는다. 디자인은 의미를 억지로 꾸며내는 것이 아니라, 자연스럽게 공감할 수 있게끔 만드는 것이기 때문이다.

국회의사당 돔은 투명한 유리로 되어 있으며
나선형 계단이 이중으로 배치되어 있어,
오르는 길과 내려가는 길이 서로 엇갈리게
설계되어 있다. 그렇게 관람객들이 하나의
동선으로 이동하기 때문에 올라가고
내려가는 인파가 서로 부딪히지 않는다.

무엇보다 기존의 국회의사당 건축─석조 건물─
위에 올려 있는 돔 형식의 유리 건물이 보여주는
파격은 상상하는 것보다 크다. 단순하게 자연 채
광을 위한다거나 태양열을 통해서 지속가능성을
높이는 디자인이라고 해도 놀라울 따름이겠지만,

독일 국회의사당 돔은 나와 같은 해외 방문객들을
포함해서 일반 시민들에게도 열려 있다. 그리고
완만한 경사로 이루어진 비탈길을 통해서 베를린
시내를 두루두루 볼 수 있는 파노라마의 기능을
갖추고 있다.

Reichstag Dome
Platz der Republik 1, 1011 Berlin
www.bundestag.de/htdocs_e/visits/kupp.html

Daily: 8.00 am — 11.00 pm
Admission: Every quarter of an hour
Last Admission: 11.00 pm

Free of Chrage

파노라마를 보여줬던 건축은 지금까지 파리의 에 펠탑, 그리고 런던의 시청사가 있었지만, 국회의 사당 건물 위에 파노라마 뷰를 허락하는 건축은 독일이 유일하다. 전범 국가인 독일이지만, 과거를 깨끗하게 청산하는 것으로도 모자라, 아예 국회의 사당 위에 돔을 설치해 놓고 일반 시민들이 이를 오르내리는 모습을 연출한다는 점은 참 신선하고 진솔하게 느껴진다. 실제로 사람들이 국회의사당 위를 자유로이 오르내리며 베를린 시내를 바라 보면 국회의사당 전면에 쓰여 있는 '독일 국민을 위하여(Dem Deutschen Volke)'라는 문구가 거 짓이 아님을 생각하게 된다.

국회의사당 내부에도 가이드를 받아서 들어갈 수 있는데 이러한 경험이 방문객들에게 주는 인상 은 예상 외로 깊다. 정치가 일상생활 속에서 이루 어지고 있음을 국회의사당을 방문함으로써 경험 하게 되는 것이다. 이는 온갖 시청각 자료로 방문 객들에게 '가르치려고' 하는 일상적인 투어를 넘 어서, 스스로 체험하고 깨닫게 만들어 버리는 조 용한 그러나 더 기억에 남는 디자인의 힘을 보여 준다.

17
디자인은 박물관이다

JÜDISCHES MUSEUM
BERLIN
DANIEL LIBESKIND
BERLIN GERMANY
2001

베를린 유대인
박물관을 보며
드는 생각:
유대인들은
독일인들에게
어떠한 기억으로
남아 있을까?

우리는 대체적으로 이에 대한 역지사지의 입장을
가지지 못할 가능성이 크다. 우리가 바로 그 유대
인들이었기 때문이다. 그러나 반대로 생각해서,
일본에 '한국인을 위한 박물관'이나 '중국인을 위
한 박물관'이 없다는 것을 비교해본다면, 베를린
은 물론 전 세계의 주요 도시마다 세워져 있는
유대인 박물관(Jüdisches Museum Berlin)들은
여러모로 의미심장하다.
　바로 잘못된 역사를 잊지 않는 것에 그치지 않
고, 이를 다시는 되풀이하지 않겠다는 의지가 드
러나기 때문이다.

사실 박물관만큼 따분한 공간은 없다.
애플 매장이나 패션 매장이라면 모를까,
예술 작품들이나 문화유산들이
현대인들에게 소구될 수 있는 접점을
찾기란 쉽지 않기 때문이다.

그렇기에 박물관의 디자인은 보다 더 쉬워야 하고,
직관적이어야 한다. 그리고 하나의 일관된 콘셉트
를 가지고 이를 전달해야만 한다. 유럽 여행을 하
면서 가보게 될 수많은 박물관들 중에서 실제 기
억 속에 남는 박물관은 그리 많지 않다.

Jüdisches Museum Berlin
Linden Str. 9-14, D-10969 Berlin
www.jmberlin.de

Monday:
10.00 am — 10.00 pm
Tuesday — Sunday:
10.00 am — 8.00 pm

€ 7,00

관람객들이 걷는 길도 경사가 각기 다른 비탈길로 되어 있어 '편하게' 걷지 못하게 하는 점이나, 쇠 모양으로 된 일그러진 얼굴들 위로 걸을 때마다 쇠끼리 부딪혀서 내는 카랑카랑한 소리조차 '고통의 비명소리'로 들리는 까닭은, 박물관의 구조와 동선 자체가 '유대인들의 아픔'을 경험케 했기 때문이다.

이렇듯 박물관의 형태, 동선, 색감, 심지어 외벽까지 하나로 통합될 때, 관람객들은 잊을 수 없는 인상을 받게 된다. 유대인 박물관은 디자인을 통해 관람객에게 결코 잊지 못할 역사의 교훈을 가장 자연스럽게 각인시켜줄 수 있음을 알게 해준다.

베를린의 유대인 박물관은 그러한 면에서 디자인이 가장 잘된 박물관이지 않을까? 유대인들이 받았을 상처와 고통을 건물 외벽에 그대로 칼집을 낸 듯이 그려냈기 때문에, 별다른 설명이 없어도 아픔이 느껴진다.

18

'모던(Modern)'하다는 것은 어떤 의미일까?
모더니즘을 디자인 및 예술의 여러 사조 중
하나로 생각할 수도 있다. 그러나
독일의 바우하우스(Bauhaus)에서 태동된,
기능과 효율에 집중하고 장식을 최대한 배제한
모더니즘이 오늘날에도 이렇게 살아 숨 쉬고
있음을 생각한다면, 모던하다는 것은
일반적인 사조를 넘어선다는 생각까지 든다.

NEUE NATIONALGALERIE
MIES VAN DER ROHE
BERLIN GERMANY
1968

'신은 디테일 속에 있다(God is in the detail)'
그리고 '적은 것이 더 많은 것이다(Less is more)'
등의 말로 유명한 모더니즘의 선두주자
미에스 반 데 로어(Mies van der Rohe)의 작품
뉴 내셔널갤러리(Neue Nationalgalerie)는
모더니즘의 정수라고 불린다.

군더더기 없는 디자인, 고도로 계산된 비율과 균형 감각이 소위 '휑하게 보이는 디자인'이 아닌, 있어야 할 것만 있는 디자인 걸작을 만들어냈다.
　대학생 시절 때 읽었던 'The Elements of Style'에 보면 스트렁크 교수가 항상 강조했던 것이 있다. '글을 짧게 쓰는 게 중요한 게 아니라, 글 안에 불필요한 단어와 문장이 없는 게 중요한 것이다.'

같은 맥락에서 살펴본다면, 디자인도
무조건 단순한 게 중요한 게 아니라,
그 안에 불필요한 요소들이 없는 것이
더 중요하다.

Neue Nationalgalerie
Potsdamer Str. 50, 10785 Berlin
www.neue-nationalgalerie.de

Closed on Monday
Other days: 10.00 am — 6.00 pm
Thursday: 10.00 am — 8.00 pm

€ 8,00

이는 아인슈타인이 이야기했던 "모든 것들은 가능한 한 단순하게 만들되, '더' 단순하게 만들면 안 된다"라는 말과 일맥상통한다.

　단순함이란 곧 군더더기를 없애는 것이지만, 보다 더 근원적으로 살펴본다면 결국 '본질'로의 회귀이다. 건축이란 무엇이고, 기둥이란 무엇이며, 지붕이란 무엇인가? 이 과정에서 얻게 되는 본질을 지켜나가되, 버려야 할 하위 요소들은 과감하게 버리고, 오로지 이 가치를 더 돋보이게 만들 디테일에 신경을 써야 한다. 이렇듯 본질적인 가치가 제반의 요소들을 하나의 이미지로 통합할 때, 우리는 이 건축을 가리켜 '모던하다'라고 이야기한다.

 디자인은 놀라움이다

DZ BANK BERLIN
FRANK O GEHRY
BERLIN GERMANY
2000

DZ Bank Berlin(Axica)

Pariser Platz 3, 10117 Berlin
www.axica.de

Private

베를린에서 가장 유명한 관광지 중의 하나인 '브
란덴부르크 문' 주변에 있는 **DZ 은행(DZ Bank
Berlin)**에 들어가면 놀라운 생물체를 볼 수 있
다. 바로 오늘날 가장 핫한 건축가인 프랭크 게리
(Frank Gehry)의 살아 숨 쉬는 듯한 '물고기 모양'
의 조형물이 은행의 한가운데에 있는 것이다.

프랭크 게리는 '물고기'가 가지고 있는 곡선을

빛의 방향과 세기에 따라서 다르게 보이는 철판을
통해서 빚어내는데, 빛이 표면에 닿을 때 이 물고
기는 마치 비늘을 뽐내듯이 살아난다.

이 건물에는 은행과 주거공간이 함께 있으며,
이 물고기가 있는 자리는 문화 행사 및 공연을 할
수 있는 악시카(Axica)라는 홀이다. 길거리를 걸
으면서 봤을 때에는 일반적인 건물처럼 보이지
만, 상공에서 바라보면 마치 커다란 물고기가 건
물 사이에 있는 것이 보이는 것도 특징이다. 마치
건물 안에 엄청난 크기의 생명체를 몰래 키우듯,
DZ 은행 안에는 놀라움을 선사해 줄 프랭크 게리
의 물고기가 숨 쉬고 있다.

WEIMAR, DESSAU & BERLIN GERMANY

20 — 22

오늘날 디자인 학교하면 떠오르는 키워드는 '협업'이다.

미국 스탠퍼드대학교의 디스쿨(d. school)이나 핀란드의 알토(Aalto)대학을 떠올려 본다면,
'다학제 간 협업을 통해서 문제 해결에 대한 새로운 접근 방식을 취하는 것'이
오늘날 디자인 학교들이 내세우는 미래이다.
그러나 이러한 시도가 20세기 초반에 독일의 바이마르에서
'바우하우스(Bauhaus)'라는 운동으로 이미 존재하고 있었다면 믿을 수 있을까?
바우하우스는 향후 20세기의 디자인에 지대한 영향을 미쳤다.
그러나 더 중요한 점은 이토록 오래된 바우하우스 운동에 대해서
충실하고 재미있게 엮어 놓은 박물관들이 오늘날에도 존재한다는 점이다.

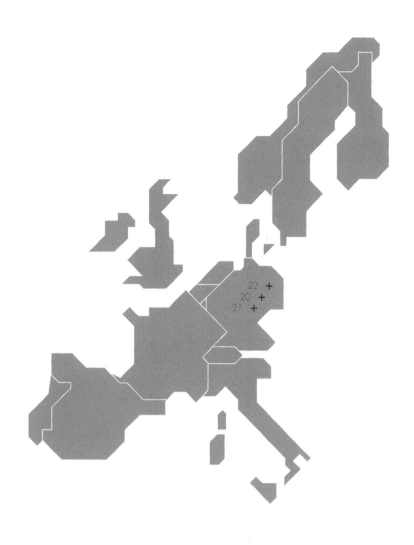

20

21

22

20 바이마르 바우하우스 **21** 데사우 바우하우스 **22** 바우하우스 기록관

Bauhaus Museum Weimar
Theaterplatz 1, 99423 Weimar
www.klassik-stiftung.de/index.php?id=356

**Monday, Wednesday, Thursday,
Friday, Saturday & Sunday:**
10.00 am — 6.00 pm

€ 5,00

1900년대 초 공방과 수공업으로 점철된 디자인 산업 구조가 대량 생산으로 전환될 때, 바우하우스는 다학제 간의 협업을 꿈꿨다. 수공업과 순수 예술 그리고 후에는 건축에 이르기까지 변화하는 기술과 시대에 맞춰서 디자인의 미래를 꿈꿨던 학교 바우하우스는 사실 오늘날 디자인 스쿨이 강조하는 '협업'과 '혁신'을 거의 80~90여 년 전부터 강조했던 셈이다. 그리고 이렇게 앞섰던 생각은 훗날 모더니즘과 인터내셔널 스타일의 태동에 지대한 영향을 미쳤다.

바이마르(Weimar)에 있는 **바이마르 바우하우스(Bauhaus Museum Weimar)**를 보면서 놀랐던 점은 폐교된 지 60여 년이 지난 후에도, 박물관을 세움으로써 바우하우스의 의의와 한계점 그리고 미래에 대한 논의의 장을 끊임없이 마련해 나가려 했다는 점이었다.

근대 디자인사에서 독일이 가장 큰 공헌을 한 부분이 바로 '바우하우스(Bauhaus)'라고 말해도 과언이 아니다. 그만큼 바우하우스라는 학교는 역사적으로 그리고 오늘날 디자인을 이해하는 데에도 필수적이다.

21

DESSAU BAUHAUS
WALTER GROPIUS
DESSAU GERMANY
1926

Dessau Bauhaus Building
Gropiusallee 38, D-06846 Dessau
www.bauhaus-dessau.de

Daily: 9.00 am — 6.00 pm

€ 6,00

데사우 바우하우스는 박물관이기보다는 바우하우스라는 비전이 어떻게 공간으로 풀어질 수 있는지에 대한 매니페스토(Manifesto)와 같다. 그로피우스가 꿈꿨던 디자인, 그리고 그가 상상했던 미래의 디자인이 당시로서는 획기적인 건축으로 지어지고, 바우하우스는 전성기를 맞는다.

이렇듯 디자인이든 예술이든 점진적인 발전이 있음에도 불구하고 혁신적인 발전은 하나의 아이코닉한(Iconic) 사람이 나옴으로써 완성이 되는 경우가 있다. 이들은 디자인의 미래를 제시하며 미래에 대한 '새로운 그림'을 그려줌으로써 자신들의 꿈을 현실로 만들어 나가는 이들이다. 발터 그로피우스가 있었기에 미에스 반 데 로어가 있었고, 또 이들이 전쟁을 피해 미국으로 갔기 때문에 미국에서 인터내셔널 스타일(International Style)과 모더니즘이 꽃피울 수 있었다.

데사우 바우하우스는 그 옛날 그로피우스가 가지고 있었던 비전을 온몸으로 느낄 수 있는 곳이다.

바우하우스를 이야기할 때 빼놓을 수 없는 사람이 바로 바우하우스를 최초로 설립한 '발터 그로피우스(Walter Gropius)'이다. 건축가이기도 했던 그는 바우하우스가 바이마르에서 데사우로 이전을 했을 때, 건축의 새로운 시대를 열었다고 평가되는 데사우 바우하우스(Dessau Bauhaus) 건물을 직접 설계했다.

디자인은 기록이다

22

BAUHAUS-ARCHIV
WALTER GROPIUS
BERLIN GERMANY
1979

기록은 기억을 이기고,
기록에 체계가 갖춰질 때
기록은 이야기가 된다.

Bauhaus-Archiv
Klingelhöfer Str.14, D-10785 Berlin
www.bauhaus.de

Wednesday — Monday:
10.00 am — 5.00 pm

Saturday, Sunday & Monday:
€ 7,00
Wednesday, Thursday & Friday:
€ 6,00

이러한 기록들이 체계적으로 저장되어 있어서 언제든지 꺼낼 수 있는 자료와 레퍼런스가 될 때, 이는 디자이너 개인의 성장을 위한 도구가 되는 것이 아니라 디자인계(System)의 성장을 위한 도구가 된다.

그렇기에 디자이너에게 포트폴리오라는 건 자신을 가장 잘 드러낼 수 있는 기록이고, 이러한 포트폴리오들 중 시대를 풍미하는 작품들을 집대성해 놓은 미술관과 박물관은 시대적인 포트폴리오이자 기록으로 볼 수 있다.

베를린 **바우하우스 기록관(Bauhaus-Archiv)** 은 바우하우스(Bauhaus)라는 운동에 대해서 가장 많은 자료를 보유하고 있는 곳이다. 발터 그로피우스가 디자인한 독특한 지붕이 오늘날에도 잊을 수 없는 실루엣을 만들어내듯, 바우하우스 자료관의 자료들 또한 오늘날 디자인과 연계될 때 참신한 영감의 원천이 된다.

ESSEN GERMANY

23 — 24

Made in Germany하면 드는 느낌이 독일의 힘이다.

독일은 20세기의 시작과 함께 제조업에 강세를 보였던 국가이다.
그러나 기업들이 점차 공장을 해외로 위탁하게 되면서(아웃소싱 Outsourcing)
독일의 많은 공장들은 중단의 위기를 맞게 되었다.
독일은 이러한 위기를 디자인을 통해서 극복해냈다. 폐허가 된 지역에
리모델링 사업과 관광업 그리고 서비스업 등을 강력한 디자인과
브랜딩의 힘으로 일구어낸 것이다. 독일의 에센 지역은 바로 그러한
사례를 직접 볼 수 있는 대표적인 곳이다.

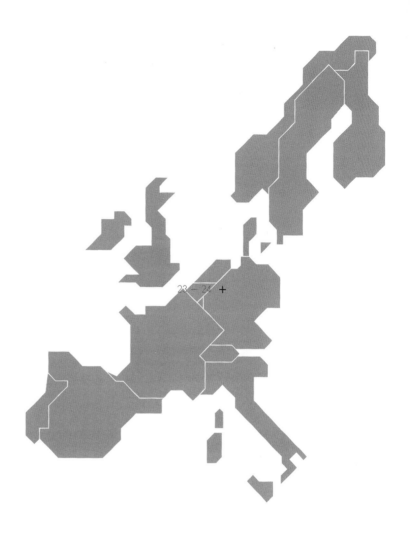

23

24

23 촐페라인 **24** 레드닷 디자인 박물관

23

독일의 '에센(Essen)' 지역에 있는
졸페라인(Zollverein)은 유럽 산업화의
마지막과 동시에 서비스 산업의
최첨단을 볼 수 있는 곳이다.

ZOLLVEREIN
REM KOOLHAAS
ESSEN GERMANY
2010

1986년 촐페라인 탄광 단지가 공식적으로 문을 닫은 지 채 30년도 되지 않아 촐페라인은 디자인의 진흥기라고 할 수 있는 대대적인 리노베이션을 거친다.

무엇보다 건축의 거장 렘 쿨하스(Rem Koolhaas)가 전체 사이트를 새롭게 디자인했으며, 스타 건축가 노먼 포스터가 디자인한 레드닷 디자인 박물관이 들어섰고, 일본의 프리츠커 수상자로 유명한 SANAA 그룹이 디자인한 '디자인 경영 학교' 등이 들어서 있다.

따지고 보면 지난 100여 년 동안 '탄광 단지'의 경제적인 정체성을 가지고 있었던 촐페라인이 2000년대 이후 '디자인 단지'라는 어마어마한 부가가치를 창출하는 곳으로 완전히 새롭게 태어나 버린 것이다.

Zollverein
Gelsenkirchener Str. 181, 45309 Essen
www.zollverein.de

Open all year

Free of Charge

촐페라인을 보면서 들었던 의문점은 '낡아서 버려야 할 것'과 '새롭게 고쳐야 할 것'의 경계선이 어디인가 하는 점이었다.

사실 촐페라인 탄광 단지는 수세기에 걸쳐서 만든 종교 건물도 아닐뿐더러, 문화 유적지로 분류될 수도 없는 '공장 단지'에 불과했다. 그럼에도 불구하고 지역 정부는 이를 구입한 후 2001년에 유네스코에 등재시키고 디자인 단지로 탈바꿈시켰다.

붉은 벽돌로 만들어진 이 공장 단지에 의미를 부여하는 것에 그치지 않고, 이를 지속 가능한 수익원으로 새롭게 디자인한 것. 여기에 리노베이션의 진짜 힘이 있다는 것을 느꼈다. 정체성의 본질이 무엇인가를 끊임없이 묻고, 이를 유지해 나가되, 이와 관련된 의미와 맥락을 오늘의 입맛에 맞게 바꾸어 버리는 것. 촐페라인은 리노베이션이 지속가능성의 중요한 수단임을 보여준다.

24

RED DOT DESIGN MUSEUM
NORMAN FOSTER
ESSEN GERMANY
1997

세계 3대 제품(Product) 디자인상을 살펴보면
Red Dot Design Award, iF Design Award,
IDEA Award 등이 있는데 놀라운 점은
그중 2개가 독일에서 수상을 한다는 점이다.

Red Dot Design Museum
Gelsenkirchener Str. 181, 45309 Essen
http://en.red-dot.org/4903.html

Tuesday — Sunday
11.00 am — 6.00 pm

€ 6.00

이렇듯 독일은 전통적으로 제품 디자인에 강세를 보여 왔는데 그중에서 가장 사람들에게 널리 알려져 있는 상이 바로 레드닷 디자인 어워드이다.

레드닷 디자인 어워드는 매년 전 세계에서 가장 우수한 제품 디자인들을 수상하는데, 이렇게 수상된 제품들이 모인 곳이 **레드닷 디자인 박물관(Red Dot Design Museum)**이다. 수천 개의 경쟁품들을 제치고 상을 받은 제품들이 즐비하게 박물관

내부를 채우고 있지만, 이상하게도 제품들은 생각만큼 흥미롭지 않았다. 바로 '가격표'가 붙어 있지 않기 때문이었다.

가격표가 붙어 있지 않은 제품에는 사용가치, 즉 실용성에 대한 맥락이 사라져 버리기 때문에 어떻게 보면 제품이 아닌 '작품'으로서 관람객들의 평가를 받는다. 달리 말하자면 지금 내 삶에서 이 제품이 과연 어떤 '값어치'를 할지에 대한 맥락이 사라져 버린다. 이러한 맥락이 사라지자 대부분의 제품들은 흥미롭게 보이지 않았다. 제품은 관상용이 아니기 때문이다.

레드닷 디자인 박물관은 제품 박물관이 가지고 있는 가능성을 살펴볼 수 있는 곳임과 동시에 그 한계를 생각해 볼 수 있는 곳이었다.

STUTTGART & MUNICH GERMANY

25 – 27

독일은 자동차 브랜드로 유명한 국가다.

특히 세계에서 가장 브랜드 가치가 높은 자동차 회사 다섯 개가
모두 다 독일 자동차 회사라는 점은 놀랍다:
벤츠(Benz), BMW, 폭스바겐(Volkswagen), 아우디(Audi) 그리고 포르쉐(Porsche).
이 중에서 벤츠, BMW 그리고 포르쉐는 각각 자사의 자동차 박물관을 만들었다.
이들 박물관을 통해서 자동차와 건축의 만남은 어떠한 모습일지,
그리고 이 조합이 어떤 경험을 선사해 줄지 비교하는 것도 즐겁지만
자동차 회사로서의 각자의 정체성을 확인해 보는 것도 즐겁다.

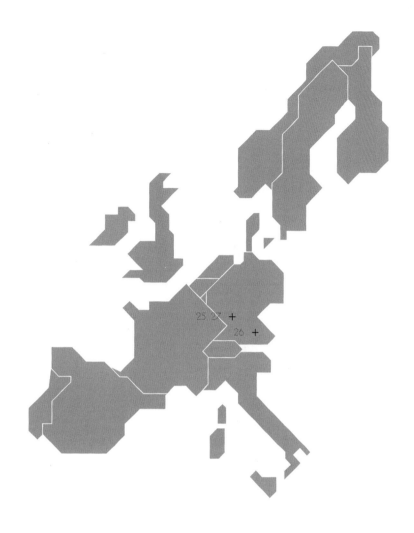

25   26   27

25 메르세데스 벤츠 박물관   **26 BMW** 세계 & 박물관   **27** 포르쉐 박물관

25

MERCEDES-BENZ MUSEUM

UN STUDIO
STUTTGART GERMANY
2006

Mercedes-Benz Museum
Mercedesstrasse 100, 70372 Stuttgart
www.mercedes-benz-classic.com/museum

Tuesday — Sunday: 9:00 am — 6.00 pm

€ 8,00

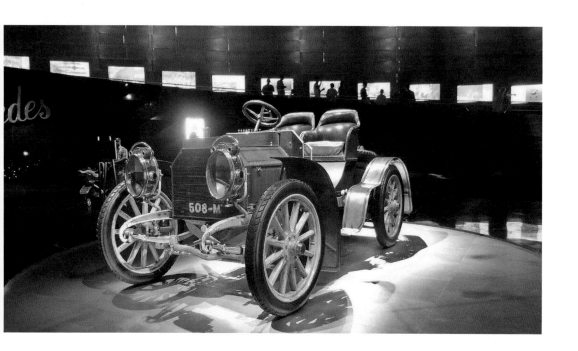

메르세데스 벤츠는 가히
자동차의 아버지라고 할 수 있는
유일한 브랜드다.

전 세계 자동차 브랜드들 중에서 가장 높은 브랜
드 가치를 가지고 있음은 물론이거니와 세계 최
초의 자동차를 만든 회사이기 때문이다. 이러
한 모든 유산들을 한데 엮은 곳이 2006년에 완
공된 **메르세데스 벤츠 박물관(Mercedes-Benz
Museum)**이며, 벤츠를 기점으로 같은 지역에 포
르쉐 박물관(2009) 그리고 뮌헨에 BMW 박물관
(2007)이 들어섰다.

무엇보다 벤츠 박물관은 스케일로 관람객을 압
도한다. 박물관의 내용도 벤츠의 역사를 보여주
기 위한 공간이라기보다는, 오히려 자동차 산업의
전반적인 역사를 보여준다. 심지어는 독일이라는
국가의 역사를 '자동차 산업의 관점'으로 풀어낸
다는 느낌마저 받는다.

유엔 스튜디오(UN Studio)가 디자인한 건물의
천장에는 벤츠의 로고로 유명한 삼각별이 있다.
엘리베이터를 타고 맨 위층에서부터 투어가 시작
되는데 천천히 건물의 아내로 내려오면서 세계 최
고 자동차 브랜드의 장엄한 역사를 살펴볼 수 있
다. 벤츠 박물관은 '자동차'라는 기계에 대한 이야
기보다, 자동차라는 발명품이 인류 역사에 어떠한
변화를 가지고 왔는지를 보여주는 '역사박물관'
이다.

디자인은 혁신이다

BMW WELT
COOP HIMMELB(L)AU
MÜNCHEN GERMANY
2007

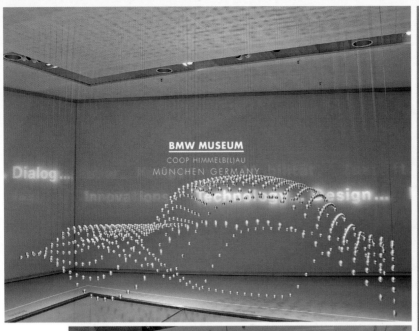

BMW Welt & BMW Museum
Am Olympiapark 1, 80809 München
www.bmw-welt.com

BMW Welt
Daily: 7.30 am — Midnight
Free of Charge

BMW Museum
Tuesday — Sunday: 10.00 am — 6.00 pm
€ 9.00

BMW라는 브랜드를 처음 볼 때 어떠한 단어들이 떠오를까? 스포티하거나 남성적인 혹은 하이테크라는 단어가 떠오를 수 있다. 그러나 **BMW 세계 & 박물관(BMW Welt & Museum)**을 방문하고 나면 모든 단어들은 사라지고 단 하나의 키워드가 남게 된다. 바로 혁신(Innovation)이다.

BMW라는 브랜드를 이끌고 나가는 원천에는 '혁신'이라는 핵심 가치가 있고, 이러한 가치를 전달하기 위한 공간으로 BMW 세계와 박물관이 만들어졌다.

이는 벤츠와 비교했을 때 크게 대조된다. 벤츠 박물관이 전통과 역사에 대해서 다루는 반면에, BMW는 기술과 혁신을 다루기 때문이다. 또한 벤츠는 과거와 전통에 대한 이미지를 심어주는 반면에, BMW는 미래와 혁신에 대한 이미지를 심어준다.

특히 BMW 세계 & 박물관에서는 관람객들에게 인터랙티브한 요소들을 효과적으로 배치해 놓았다. 터치스크린은 물론 거의 예술품에 비견되는 설치물들과 실제 풍항 테스트를 하기 위해서 만들어진 프로토타입 등을 살펴보면, BMW가 얼마나 미래 지향적인 브랜드인지 알 수 있다.

27

디자인은 아이콘이다

PORSCHE MUSEUM
DELUGAN HEISSL
STUTTGART GERMANY
2009

Porsche Museum
Porscheplatz 1, D-70435
Stuttgart–Zuffenhausen
www.porsche.com/international/
aboutporsche/porschemuseum

Tuesday – Sunday:
9.00 am – 6.00 pm

€ 8.00

박물관에 가기 전에 내게 포르쉐라는 브랜드는 단지 '비싼 스포츠카'에 지나지 않았다. 그러나 포르쉐 박물관(Porsche Museum)을 갔다 오고 나서 포르쉐에 대한 나의 인식은 완전히 바뀌었다. 이 글을 쓰는 시점에서 내게 포르쉐를 표현하는 단어들은 '문화'이자 '열정' 그리고 '아이콘'이 되어 버렸기 때문이다.

포르쉐 박물관의 모든 전시는 단 하나의 이야기를 효과적으로 전달하기 위해서 구성되어 있다. 그 이야기란 다름 아닌 '포르쉐라는 브랜드가 어떻게 해서 오늘날의 컬트적인 브랜드로 자리매김 할 수 있었는지'에 대한 이야기다. 그리고 이 이야기는 포르쉐의 자랑스러운 전통이 되어 버렸다.

우선 포르쉐는 지난 60여 년간 그 유명한 포르쉐의 곡선을 지켜왔다. 페르디난도 포르쉐(Ferdinand Porsche)가 처음 디자인한 1940년대 후반의 '356' 모델의 곡선은 단순한 디자인이 아니라 어떤 신념에 가깝다. 곡선에 대한 집착 때문일까? 이제 포르쉐는 그 실루엣만 보고도 브랜드를 알아맞힐 수 있을 정도다.

더군다나 포르쉐는 단순하게 예쁜 디자인만을 뽐내지 않는다. 포르쉐가 강조하는 건 속도이자 이를 뒷받침해주고 있는 기술력이다. BMW 박물관과 벤츠 박물관에는 각 사의 브랜드 라벨(예: Benz CLS, BMW 750i 등)을 한 곳에다가 모아서 전시해 둔 공간이 있지만, 포르쉐의 경우는 그런 '라벨 공간'을 만들지 않았다. 오히려 지난 60여 년간 각종 스포츠카 대회에서 수상한 트로피들을 모아둔 '트로피 공간'이 있을 뿐이다.

심지어 포르쉐는 대표적인 포르쉐 모델들에서 나는 소리를 들을 수 있는 곳도 있다. 발판 위에 올라서면 천장에서 각 모델의 엔진 소리가 들린다.

포르쉐에게 브랜드란 단순한 디자인이 아닌 소리와 속도까지도 포함하는 총체적인 경험이자 전통이자 자부심이다. 아무리 자동차에 대해서 잘 모르고 무엇보다 포르쉐라는 브랜드에 대해서 무지하고 관심이 없는 사람일지라도 일단 포르쉐 박물관을 경험하는 순간, 포르쉐라는 브랜드를 사랑하게 될 것이다.

WEIL AM RHEIN & BASEL SWITZERLAND

28 — 31

바일 암 라인 그리고 바젤은 건축의 성지(Sanctuary)다.

도시에 내리는 순간 '이곳은 잘사는 동네'라는 느낌이 흠씬 배어나올 정도로
도시의 모습이 정돈되어 있고 아름답다. 그리고 바젤에는 그 이름도 유명하고 역사가 깊은
'바젤미술관(Kunstmuseum Basel)'이 위치해 있으며 각종 문화 행사는 물론
수많은 미술관과 박물관이 있어 '문화의 도시'임을 온몸으로 느낄 수가 있다.
바젤을 디자인이 아닌 예술을 위해서 찾아가는 것도 전혀 무리가 없지만,
디자인을 보기 위해서 찾아갈 경우 빼놓을 수 없는 곳이
바로 '비트라 캠퍼스(Vitra Campus)'이다.

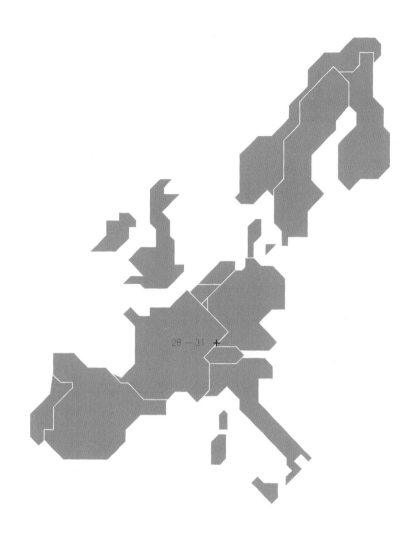

Vitra Campus

28   29   30   31

28 비트라 캠퍼스   29 비트라 디자인 박물관   30 비트라 하우스   31 바이엘러 미술관

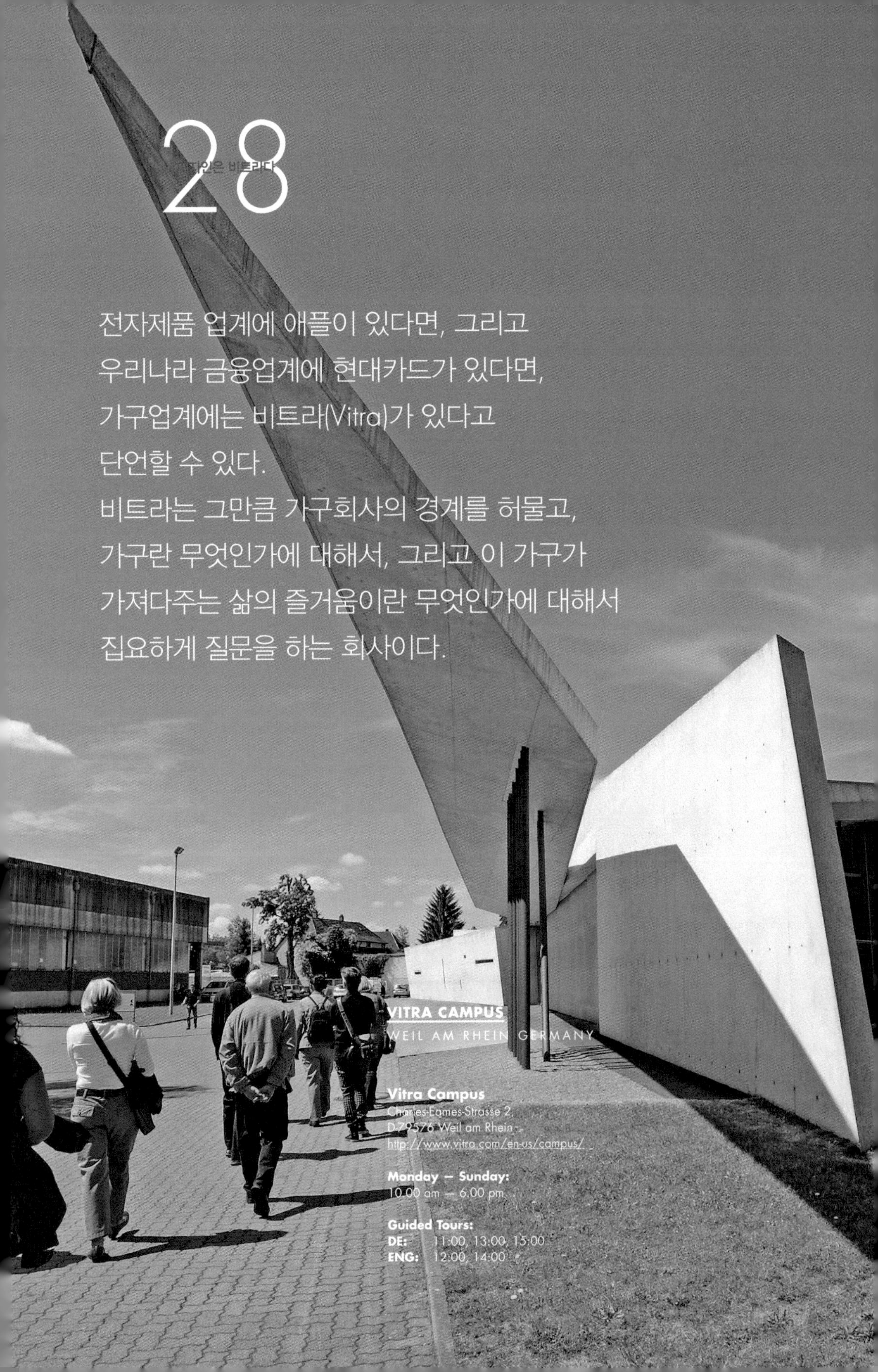

전자제품 업계에 애플이 있다면, 그리고
우리나라 금융업계에 현대카드가 있다면,
가구업계에는 비트라(Vitra)가 있다고
단언할 수 있다.
비트라는 그만큼 가구회사의 경계를 허물고,
가구란 무엇인가에 대해서, 그리고 이 가구가
가져다주는 삶의 즐거움이란 무엇인가에 대해서
집요하게 질문을 하는 회사이다.

VITRA CAMPUS
WEIL AM RHEIN GERMANY

Vitra Campus
Charles-Eames-Strasse 2,
D-79576 Weil am Rhein
http://www.vitra.com/en-us/campus/

Monday — Sunday:
10.00 am — 6.00 pm

Guided Tours:
DE: 11:00, 13:00, 15:00
ENG: 12:00, 14:00

왼쪽 부터 시계 방향으로:
자하 하디드
(Zaha Hadid 1993)
벅민스터 풀러
(Buckminster Fuller 1975/2000)
장 프루베
(Jean Prouvé 1953/2003)
알바로 시자
(Alvaro Siza 1994)

세계의 유수 건축가들이 이 조그만—물론 아주 조그맣지는 않지만— 캠퍼스 내에 각자 건축물을 지었는데 사진에 나와 있는 건축가들은 자하 하디드, 벅민스터 풀러, 장 프루베, 알바로 시자 등이 있고 이 책에는 소개가 안 되었지만 안도 다다오 (Ando Tadao) 및 SANAA 등도 캠퍼스에 참여를 하였다.

이들 중 단 한 사람의 건축만 있어도 그곳은 '굉장하다'라고 평가를 받을 수 있는데, 무려 10여 명이 넘는 세계의 거장들이 이 캠퍼스 내에 자신의 이름으로 건축물을 지었다. 비트라 캠퍼스는 가히 '디자인의 성지'라고 해도 과언이 아니다.

이 회사가 위치하고 있는 독일, 프랑스, 스위스의 접경 지역 바일 암 라인에는 **비트라 캠퍼스(Vitra Campus)**가 있는데, 가구와 건축 그리고 디자인을 사랑하는 이들에게 이 캠퍼스는 가히 천국과도 같은 곳이다.

디자인은 의자다

VITRA DESIGN MUSEUM
FRANK GEHRY
WEIL AM RHEIN GERMANY
1989

프랭크 게리(Frank Gerhy)의 건축을 본 건 베를린에 이어서 두 번째였다. 베를린의 DZ 은행(DZ Bank) 내에 있는 물고기 모양이 매우 대담무쌍하고 강한 캐릭터를 지니고 있다면, 비트라 디자인 박물관(Vitra Design Museum)은 매우 겸손하고 차분한 느낌을 준다. 비트라 디자인 박물관은 프랭크 게리가 유럽에서 만든 최초의 건물이다.

Vitra Design Museum
Charles-Eames-Strasse 2,
D-79576 Weil am Rhein
www.design-museum.de

Monday – Sunday:
10.00 am – 6.00 pm

Museum:
€ 9,00
Guided architectural tour:
€ 12,00(2hrs)
Combination ticket:
€ 16,00(2hrs)

의자는 인간의 스케일에 가장 가까운 가구다. 사람과 가장 밀착되어 있는 가구임과 동시에 사람이 없다고 하더라도 집이든 사무실이든 한 공간을 치지하고 있기 때문이다. 따지고 보면 인류 역사상 수천, 수만 가지의 다양한 의자들이 존재해 왔음에도 불구하고 '앉는 것'이라는 의자의 가장 기본적인 존재의 목적은 의자가 탄생한 이후로 한 번도 바뀐 적이 없다.

이 의자를 어떻게 바라보느냐에 따라서 공간과 심지어는 디자인에 대한 인식 체계가 바뀌어 버린다. 의자를 바라볼 때, 그 의자가 놓여 있는 공간은 물론 그 의자를 통해서 누리게 될 라이프 스타일과 시대상을 상상할 수 있게 될 때, 의자는 더 이상 가구가 아니다. 가장 작은 형태의 '건축'이 되어 일상에 영감을 주는 작품이 되어 버린다.

비트라 디자인 박물관에서는 의자에 대한 집착과 사랑 그리고 열망을 확인 할 수 있다. 독특한 외관만큼이나 전시 프로그램도 간결하고 임팩트 있다.

30 디자인은 집이다

VITRAHAUS
HERZOG & DE MEURON
WEIL AM RHEIN GERMANY
2010

VitraHaus
Charles-Eames-Strasse 2,
D-79576 Weil am Rhein
www.vitra.com/en-us/campus/vitrahaus

Monday — Sunday:
10.00 am — 6.00 pm

Free of Charge

'집'은 건축의
영혼이라고 할 수 있다.

모든 건축물 중에서 집은 우리의 일상에 가장 맞닿아 있으며, 심지어는 우리의 인생에서 가장 중요한 부분이라고까지 할 수 있기 때문이다. 특히 '집'하면 떠오르는 이미지를 누구나 가지고 있는 듯하다. 세모꼴의 지붕과 네모꼴의 방 모양.

신기하게도 이 이미지를 추적해서 만든 건축물이 바로 스위스 듀오 헤르초크 & 드 뫼롱(Herzog & de Meuron)이 만든 **비트라 하우스(VitraHaus)**다.

총 12개의 '집 모양'으로 쌓아 올린 비트라 하우스는 비트라 가구들을 마치 가정집을 방문하듯이 구경해볼 쇼룸이다. 엘리베이터로 가장 꼭대기 층에 올라가서 계단으로 내려오면서 관람을 하게 되어 있는데, 집의 모티브가 가져다주는 안락감은 생각보다 크다. 무엇보다 비트라 하우스를 보다 보면 누구나 '언젠가 이렇게 집을 꾸며야지'라는 환상을 갖게 됨은 부정할 수가 없다. 더군다나 쇼룸 내에 있는 모든 가구와 인테리어가 비트라의 제품들로 꾸며져 있어, 비트라의 세계를 거닐고, 만져보고, 또 심지어는 써보는 진귀한 경험을 할 수가 있다.

31

디자인은 고요함이다

FONDATION BEYELER
RENZO PIANO
BASEL SWITZERLAND
1997

Fondation Beyeler
Baselstrasse 101, CH-4125 Riehen Basel
www.fondationbeyeler.ch

Everyday: 10.00 am — 6.00 pm
Wednesday: 10.00 am — 8.00 pm

CHF 25,00

파타고니아(남미 아르헨티나와 칠레를 가로지르는 지역) 반암을 공수해서 만든 **바이엘러 미술관(Fondation Bayeler)**에 들어서면 완전히 새로운 세상에 온 것 같다.

'예술의 전당'이라는 퓨현이—서초동에 있는 그 예술의 전당이 아니다—가장 적절하다고나 할까? 예술을 위해 만들어진 공간과 건축이 자연의 고요함을 닮아 사람의 마음을 한껏 가라앉힌다.

일상생활에서 느끼는 바쁨과 정신없음은 어느샌가 사라져 있고, 오로지 고요함 그리고 차분함만이 남아 있다. 특히 불그스름한 반암이 이 위에 차분하게 올려져 있는 렌조 피아노(Renzo Piano) 특유의 유리 지붕은 이 건축이 스스로를 뽐내지 않고 겸손하게 예술이 가지고 있는 아름다움을 살리기 위한 곳임을 보여준다.

COPENHAGEN & HUMLEBÆK DENMARK

32 — 36

스칸디나비아는 가장 우수한 복지 체제를 갖추고 있다.

심지어 나는 단순히 여행객으로 방문하면서도
이 복지 시스템을 온몸으로 체감할 수 있게 되었는데,
다름이 아니라 각 국가 사람들을 만날 때 느껴지는 것들이
눈에 보이지 않는 사회의 분위기와 체제를 느끼게 해주었기 때문이다.
그중에서도 덴마크는 일상에서 마주하는 사람들 속에 여유와 즐거움이 넘쳤다.
특히 코펜하겐에서 인상적이었던 건 나를 전혀 모르는 낯선 사람들로부터
길거리에서 먼저 인사를 받기도 했다는 점이다. 세계 행복지수 조사를 하면
어김없이 1등을 해버리는 덴마크. 그곳에는 뭔가 특별한 점이 있다.

32 — 36 +

32

33

34

35

Louisiana Museum of Modern Art

36

디자인은 수공예다

DESIGNMUSEUM DANMARK
BENTSEN & KLINT
COPENHAGEN DENMARK
1926

Designmuseum Danmark
Bredgade 68 / 1260 København K
www.designmuseum.dk

Tuesday — Sunday: 11.00 am — 5.00 pm
Wednesday: 11.00 am — 9.00 pm

DKK 75,00

수공예가 발전한 곳에서 디자인이 발전했다고 하는 건 비약이 아니다. 손으로 무언가를 만드는 솜씨가 좋을수록, 디자인의 품질도 더 높아지는 것이 사실이기 때문이다. 그런데 이러한 이해가 단순하게 '수공예 = 전통 디자인'이라는 공식으로 귀결되는 점은 안타까운 것 같다. 수공예의 본질은 손으로 무언가를 만들면서 얻게 되는 감각적인 부분들, 그리고 수치와 공식으로는 연마될 수 없는 비정형적인 부분들에 있지, 수공예라는 행위 그 자체에 있지 않기 때문이다.

수공예의 대척점이라고 할 수 있는 대량생산은 수공예의 적이 아니다. 수공예와 대량생산은 함께 가야 한다. 그러면 이 둘은 어떻게 공존할 수 있을까?

이에 대한 고민이 한창 나를 괴롭히고 있을 무렵 덴마크 디자인 박물관(Designmuseum Danmark)은 내게 실마리를 제공해주었다. 바로 수공예와 대량생산의 접점에 '디자인'이 있지 않을까 하는 생각이었다.

시간의 흐름에 의해서 축적된 노하우와 이른바 '손맛'이 대량생산을 거쳐서 일반화되고 규격화될 때, 이를 보완해주고 강화시켜주는 유용한 도구가 디자인이다. 디자인은 단순히 특정 물건의 외양을 의미한다기보다, 어떠한 소재가 어떠한 모양으로 어떻게 들어가야 하느냐에 대한 '의사 결정 과정'이다. 이러한 의사 결정 과정에서 고려해야 할 것은 소비자의 입맛이나 시장의 트렌드뿐만이 아니라, 물성에 대한 이해와 조형미에 대한 감각이다. 이를 바탕으로 생산 공정에서 제품을 끊임없이 만들어나가며 수정 보완해 나갈 때 비로소 디자인의 완성도는 높아진다.

대량생산되었지만 하나하나가 손으로 빚어낸 듯한 그런 느낌을 주는 것. 이러한 디자인은 수공예와 대량생산의 장점을 한데로 끌어모은 것으로, 결국 덴마크 특유의 완성도를 자랑하는 디자인이다. 덴마크 디자인 박물관은 디자인의 역할이 바로 여기에 있다고 믿고 있다.

디자인은 스칸디나비아다

DANSK DESIGN CENTER
(DDC)
HENNING LARSEN
COPENHAGEN DENMARK
2000

Dansk Design Center
HC Andersens Boulevard 27 DK 1553
København V www.ddc.dk

Momday — Friday 2013
9.00 am — 5.00 pm

1950~60년대 스칸디나비아 가구가 열풍을 일으키며 전 세계를 휩쓸었던 적이 있다. 이러한 여파는 스칸디나비아 디자인(Scandinavian Design)이라는 단어를 사람들에게 각인시켰으며 스칸디나비아에 속한 국가들—스칸디나비아 반도이 덴마크, 스웨덴, 노르웨이— 중에서도 특히 덴마크에 대한 폭발적인 관심을 일으켰다.

이러한 스칸디나비아 디자인의 힘은 한동안 잠잠했다가 1990년대부터 시작되어 오늘날까지 이어지는 스웨덴의 IKEA 열풍으로 새로운 전기를 맞게 되었다. 1950~60년대의 '새로운 형태의 덴마크 목재 가구'에 대한 동경이 2000년대 들어서는 '합리적이며 실용적이고 값이 싼 그러나 보기에 좋은 스웨덴 가구'에 대한 필요로 대체되었기 때문이다.

그러나 덴마크는 단순하게 과거의 영광을 재현하기 위해 가구 산업을 육성하자라는 차원이 아닌, '디자인'의 역할과 본질로 돌아가서, 덴마크 디자인의 정체성과 이에 대한 미래에 대해서 진지하게 고민을 하기 시작했다. 이는 수공예와 가구로 대표되는 덴마크 디자인이 더 이상 '덴마크 = 가구 디자인'으로만 묶이지 않겠다는 의미이기도 하다. 오히려 디자인을 통해서 해결할 수 있는 다양한 문제들에 대해서 깊은 고민과 성찰을 하면서 '덴마크 = 앞으로의 디자인'이라는 공식을 만들어 나가고 있는데, 그 중심에 바로 **덴마크 디자인 센터(Dansk Design Center, DDC)**가 있다.

디자인 박물관이 덴마크 디자인의 과거에 대한 기록이라면 디자인센터는 덴마크 디자인의 미래에 대한 고민이자 현재에 대한 기록이다. 실제로 가구 디자인으로 세계를 제패했던 덴마크이기에 이 안에서 디자인의 미래가 어떻게 나올지 궁금할 수밖에 없는 건, 오늘날 미국 중심의 디자인 패권에서 덴마크가 보여줄 수 있는 힘이 생각보다 크다고 믿기 때문이다.

34 디자인은 일관성이다

SAS

RADISSON BLU
ROYAL HOTEL
ARNE JACOBSEN
COPENHAGEN DENMARK
1960

호텔의 일반 객실

야콥센이 디자인한 606호

Radisson Blu Royal Hotel
Hammerichsgade 1 DK-1611,
København K
www.radissonblu.com/royalhotel-
copenhagen

Open all year

Arne Jacbosen Package
DKK 1,148

건축은 새로운 세계를 창조하는 일이다. 그 안에
는 건축가의 모든 것이 담겨 있기 때문이다. 건축
가의 생각, 철학, 사조가 클라이언트의 요구사항
과 프로젝트의 제한사항을 만났을 때, 이를 어떤
방식으로 풀어나가느냐에 따라서 건축은 새로운
세계가 될 수도 있고, 어딘가에 세워진 또 하나의
빌딩에 지나지 않을 수도 있다.

덴마크를 대표하는 가구 디자이너이자 건축가
인 아르네 야콥센(Arne Jacobsen)이 디자인한
**래디슨 블루 로얄 호텔(Radisson Blu Royal Ho-
tel)**의 외양은 따분해 보이기조차 하지만, 이 호텔
은 '세계 최초의 디자이너 호텔'이라는 수식어가
붙는다. 왜냐하면 아르네 야콥센은 건물의 전반적
인 모양뿐만이 아니라 그 안에 들어가는 가구와
내부 인테리어, 심지어는 손잡이 모양까지 디자인
했기 때문이다. 50여 년이 훌쩍 지난 오늘에 이르
러서도 객실 '606호'는 1960년에 야콥센이 직접
설계한 오리지널 디자인을 그대로 간직하고 있다
(심지어 푸른색 가구도 유지하고 있다).

이렇듯 오랜 시간이 지나도 디자인이 일관성을
유지할 수 있는 까닭은 무엇일까? 야콥센의 디자
인이 오늘날에도 우리의 감성에 소구될 수 있다는
점은, 그만큼 그의 디자인이 시간을 초월한다는
의미도 있다. 그러나 근원적으로 우리의 주거 라
이프스타일이 1960년대와 크게 바뀌지 않았음을
의미하기도 한다.

35

덴마크은 푸셔이다

DEN SORTE DIAMANT

SCHMIDT HAMMER LASSEN
COPENHAGEN DENMARK
1999

Den Sorte Diamant
Søren Kierkegaards Plads 1, København
www.kb.dk/en/dia

Summer (July — August):
8.00 am — 7.00 pm
Rest of the year:
8.00 am — 9.00 pm

Free of Charge

블랙 다이아몬드(The Black Diamond)라고 이름 지어진 도서관에 가면 디자인이란 보석과 같이 아름다운 것임을 알게 된다. 구 덴마크왕립도서관을 증축하기 위해서 지어진 이 검은색의 빛나는 건물은 바닷가에 지어진 흑진주와도 같은 인상을 남긴다.

하늘과 바다가 반사되는 재질에다가 외관도 매우 단순하며 높이가 큰 것도 아니기에 사람을 압도하는 힘은 발산하지 않지만, 그래서 오히려 더 자기 자신을 숨기고 있다는 느낌을 준다.

사실 이 건축의 놀라운 점은 독특한 외관을 가져서라기보다 오히려 오래된 도서관의 확장이 단순하게 공간의 확대로만 이어지지 않았기 때문이다. 이제는 코펜하겐에서 '검은색 건축'하면 누구나 '블랙 다이아몬드'를 떠올리듯이, 애정을 갖고 지켜나가고픈 마음이 디자인에 녹아들어갈 때 그 어떤 디자인도 보석처럼 되는 것 같다.

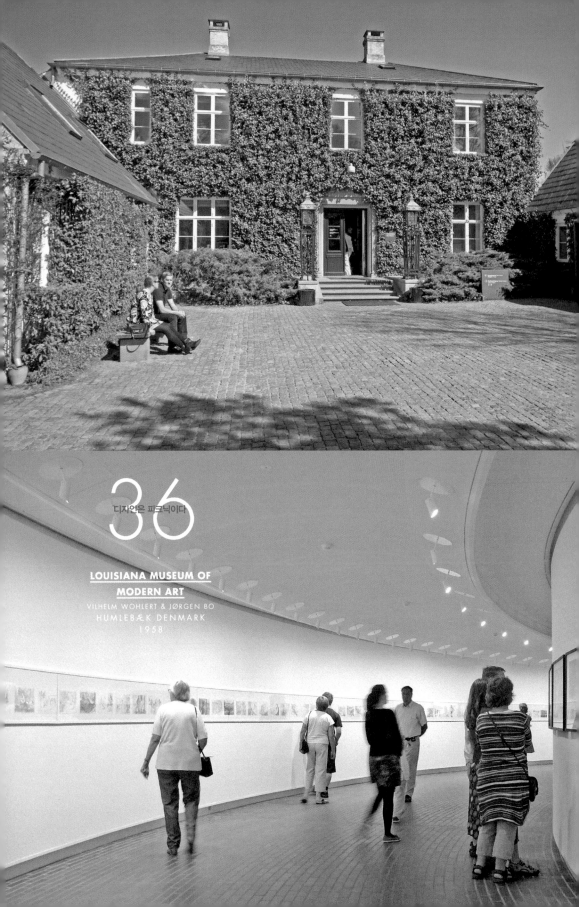

36
디자인은 피크닉이다

LOUISIANA MUSEUM OF MODERN ART
VILHELM WOHLERT & JØRGEN BO
HUMLEBÆK DENMARK
1958

**Louisiana Museum
of Modern Art**
Gl. Strandvej 13, 3050 Humlebæk
www.louisiana.dk

Tuesday — Friday:
11.00 am — 10.00 pm
Saturday — Sunday:
11.00 am — 6.00 pm

DKK 110

사실 **루이지애나 현대 미술관(Louisiana Muse um of Modern Art)**에 가는 건 쉽지만은 않은 일이다.

덴마크인 친구가 코펜하겐의 외곽에 있는 훔러벡에 가자고 했을 때 굳이 코펜하겐에서 벗어나야 할 이유가 있을까 하는 생각을 했지만, 루이지애나 미술관에서의 하루를 보내자 그 생각은 사라졌다.

루이지애나 미술관의 건물이 특출나게 아름답거나 전시 프로그램이 희귀한 건 아니었지만, 기차를 타고 미술관에 간다는 발상 자체가 참 재미있는 여정이었다.

서울에서 살면서 서울 외곽에 있는 미술관에 이런 식으로 갔던 적이 있었을까? 놀랐던 점은 루이지애나 미술관에는 많은 이들이 피크닉을 하듯 미술관에 놀러 왔다는 사실이다.

루이지애나가 가지고 있는 가장 큰 장점은 바로 바닷가에 자리 잡고 있다는 입지적 조건이다. 광활한 바닷가와 따사로운 햇살. 그리고 저 너머로 보일 듯 보이지 않는 스웨덴의 육지가 가슴을 시원하게 만든다. 들판에는 모빌과 조각으로 유명한 알렉산더 칼더의 작품이 서 있고, 사람들은 전시를 서둘러 보는 것이 아니라 한 점 한 점 즐기며, 생각에 잠겼다가 또 바닷가의 바람을 쐬기도 하고, 주변에 있는 공원에서 샌드위치 등을 먹으며 예술과 자연이 한데 어우러진 이 공간을 마음껏 즐긴다.

OSLO
NORWAY

37

북유럽에서 가장 부유한
국가는 노르웨이다.

특히 노르웨이의 수도 오슬로에서 느꼈던 깔끔함과 고급스러움은
사실 여유롭지 않은 배낭여행객들에게는 부담스러움으로 다가오기도 한다.
그럼에도 불구하고 노르웨이를 방문했던 이유는 그 어느 곳에서도 느낄 수 없는
하늘과 햇빛 그리고 바람이 있었기 때문인 것 같다.
또한 노르웨이 첫 번째 관람 순위인 피요르드(Fjords) 등을 방문할 땐,
자연의 경관에 넋을 잃기도 한다.
이 도시에 소개할 건축은 근래에 만들어진 건축물이자
'미에스 반 데 로어 건축상(Mies van der Rohe Award)'을 수상한 '오슬로 오페라 하우스'다.

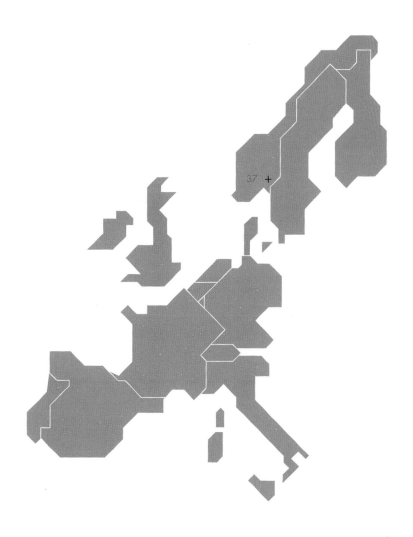

37

37 오슬로 오페라 하우스

37

Operahuset i Oslo
Kirsten Flagstads Plass 1, 0150 Oslo
www.operaen.no

Ticket Office Opening Hours
Monday — Friday: 9.00 am — 8.00 pm
Saturday: 11.00 am — 6.00 pm
Sunday: 12:00 pm — 6:00 pm

북유럽을 여행하면서 가장 놀랐던 점이자 부러웠던 점은 파리에서 본 맑은 하늘과 비교도 할 수 없이 청명한 하늘의 색이었다.

하늘이라고 하면 공해가 덜하고 깨끗한 지역에서 볼 때 거기서 거기라는 생각이 들기 마련이지만, 특별히 노르웨이의 하늘은 그 어떤 하늘보다 푸르렀고 아름다웠다.

이러한 하늘을 배경으로, 바닷가에 연해서 세워져 있는 **오슬로 오페라 하우스(Operahuset i Oslo)**는 오슬로에 있기 때문에 가능한 아름다움을 간직하고 있었다. 특별히 오페라 하우스의 모습이 '빙하'를 모티브로 했는데 비탈진 경사길이 바닷가로 이어지고 광장이 건물의 중심부를 감싸고 있기 때문에, 방문객들은 원하는 높이에서 바닷가를 감상할 수 있다.

그 어떤 디자인의 아름다움도 자연의 아름다움을 따라가지 못한다. 그리고 건축 대부분의 경우 하늘의 상태에 따라서 그 느낌이 수시로 바뀐다. 때문에 푸르른 하늘이 배경이 될 때, 전경이 되는 건축은 당연히 아름답게 비칠 수밖에 없다. 더군다나 자연이 가지고 있는 아름다움을 제대로 이해하고 이를 온전하게 살릴 수 있는 건축도 드물다.

오슬로 오페라 하우스는 가장 모던하면서도 가장 자연 속에 잘 어우러진 건축으로 오슬로를 대표하는 아이콘이 되었다.

ROTTERDAM
NETHERLANDS

38 – 39

네덜란드 디자인하면
소개해야 할 것이 너무 많다.

그러나 그럼에도 불구하고 암스테르담(Amsterdam)이나 헤이그(The Hague)
혹은 아인트호벤(Eindhoven)을 다루지 않고 이번 책에서 로테르담만 다루는 이유는
건축과 공간을 통해서 가장 감동을 받았던 곳이 로테르담이었기 때문이다.
나는 암스테르담의 밀집되어 있는 거리와 옹기종기 모여 있는 도시보다
모던하고 생각할 여지와 공간이 있는 도시를 더 선호함을 로테르담을 통해서 다시 한 번 느끼게 되었다.
하나의 특출난 건축보다 도시 전체가 디자인된 도시, 로테르담을 소개한다.

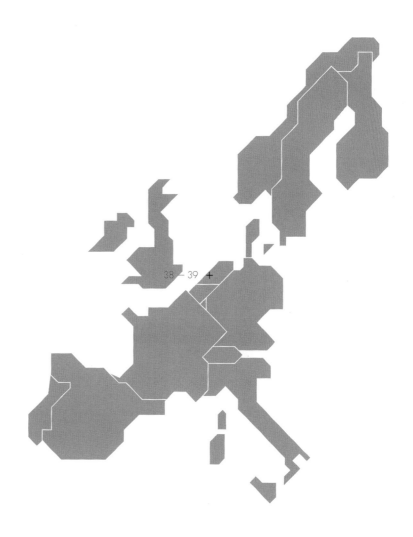

38 — 39

Rotterdam
38   39

38 로테르담(도시 그 자체)   **39** 드 헤프, 에라스무스 다리, 로테르담 다리

38

디자인은 본능이다

ROTTERDAM
NETHERLANDS

Rotterdam
Netherlands
http://en.rotterdam.info/visitors/practical/
city-guides/architecture-walking-tour/

사실 로테르담(Rotterdam)은 방문의 계획이 전혀 없는 도시였다.

그도 그럴 것이, 암스테르담과 아인트호벤 등을 거치면서 '굳이 로테르담을 방문해야 하나?'라는 생각이 들었기 때문이다. 그래도 혹시 몰라 2시간 동안이라도 기차가 환승하는 동안만 구경을 해야지 하며 로테르담 역에 내린 순간, 머릿속을 스치고 지나가는 생각이 있었다.

'이곳은 최소한 사흘은 있어야 해!'

설명할 수 없는 모던함이 온 도시를 감쌌다. 한 도시 내에 어떤 기라성 같은 건축이 있다는 느낌보다는, 도시 자체가 모더니티를 추구한다는 느낌이 들었다. 그리고 무엇보다도 '로테르담 건축 가이드(Rotterdam Architecture Map)' 브로슈어는 지금까지 본 모든 가이드 중에서 가장 정리가 잘되어 있었고 또 실용적이었다.

디자인을 사랑하는 사람이라면 로테르담에 도착하는 순간 똑같은 반응을 할 것이다. '아, 여긴 하루 만에 볼 곳이 아니다.' 이 설명하기 힘든 힘이 내 일정을 사흘 동안 묶어 두었다.

이렇듯 디자인에 대한 본능과 감각을 일깨워 주는 건 비단 도시가 가지고 있는 유명세뿐만이 아니다. 도시의 가이드 맵, 지하철 시간표, 버스 노선표, 혹은 잠시 역 밖으로 나왔을 때 보이는 풍경 등 너무나 많은 시각적인 단서들이 디자인에 대한 감각을 일깨운다.

39

대칭의 미학

**Erasmusbrug, De Hef &
De Brug Rotterdam**
Rotterdam, Nederland

<u>**ERASMUSBRUG**</u>
BEN VAN BERKEL & BOS (NOW UN STUDIO)
ROTTERDAM NEDERLAND
1996

<u>**DE HEF**</u>
P. JOOSTING
ROTTERDAM NEDERLAND
1927

<u>**DE BRUG ROTTERDAM**</u>
JHK ARCHITECTEN
ROTTERDAM NEDERLAND
2005

드 헤프(De Hef)라는 다리는 배가 지나갈 수 있
도록 다리가 움직이도록 고안이 되었는데, 실제
지금은 쓰이고 있지 않지만 국가기념물로 보존되
고 있다. 다리'계'의 에펠탑과 같은 느낌을 주는 이
다리는 로테르담의 상징물로 오랫동안 자리를 유
지하고 있다.

1990년대 후반에, 로테르담은 새로운 아이콘
을 얻게 된다. 바로 이름도 유명한 **에라스무스
다리(Erasmusbrug)**이다. 지금은 유엔 스튜디오
(UN Studio)로 알려진 건축가 그룹이 만든 이
다리는 마치 백조를 닮았다고 해서 '백조의 다리'
라고도 불린다. 무엇보다 조형적으로 아름다운 구
조가 이 다리를 로테르담의 새로운 아이콘으로 떠
오르게 했다.

마지막으로 글로벌 기업 유니레버(Unilever)
사무실에 얹혀 있는 이 네모난 건물의 이름도 **로
테르담 다리(De Brug Rotterdam)**다. 기존의 건
물을 허물어야 하는 상황에서, 이를 보존하고자
하는 의도로 옆 부지에 컨테이너 박스 모양의 건
물을 짓고 이를 크레인을 통해 기존 건물 위에 얹
은 기상천외한 건물이다.

멀리서 보면 새로운 건물이 위에 떡 하니 있는
듯한 느낌이지만, 실제 가까이서 보면 얼마나 세
심하게 과거와 현재가 공존할 수 있게끔 모색을
했는지 살펴볼 수 있다.

사실 다리만큼 실용적인 디자인이 있을까? 가장
안전해야 하는 것은 물론, 강 혹은 바다를 안전하
게 건널 수 있는 도로를 제공해주고, 또 도시의 기
념비적인 건물이 될 수 있는 것이 다리다. 그러한
면에서 유럽에서 손에 꼽는 항구 도시인 로테르
담의 다리는 더 상징성이 있는데, 실제로 '다리'라
는 모티브가 로테르담에서 지속적으로 사용되어
왔다.

BARCELONA
SPAIN

40 — 46

스페인은 그 어떤
국가와도 같지 않다.

따스한 햇살과 감미로운 바람 그리고 드넓은 하늘은
스페인을 창의성과 디자인 그리고 상상의 국가로 만들어 버린다.
스페인 전역에는 사실 멋진 건축들이 즐비하지만
특별히 이 책에서는 단 2곳만 다룬다 — 빌바오와 바르셀로나.
바르셀로나는 안토니 가우디(Antoni Gaudi)로 가장 널리 알려진 도시이지만
그 안에는 가우디 외에도 봐야 할 다른 건축들이 있다.

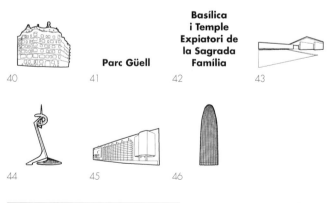

Parc Güell

Basílica
i Temple
Expiatori de
la Sagrada
Família

40   41   42   43

44   45   46

40
디자인은 유기적이다

LA PEDRERA (CASA MILÀ)
Antoni Gaudí
BARCELONA SPAIN
1912

바르셀로나에서 가장 유명한 건축가를
꼽자면 20세기 초에 활약했던 안토니 가우디
(Antoni Gaudi)다.

그리고 그가 디자인한 건축들 중에서 가장 유명
한 건축물을 뽑자면 다섯 손가락 안에 라 뻬드레
라(La Pedrera)가 들어간다.

그만큼 라 뻬드레라의 디자인은 대담무쌍해 보

이고 또한 100년이 지난 오늘날 봐도 독특하다.
이렇게 100년이 지나도 독특해 보일 수 있다는
건 그만큼 이 건축 안에 우리에게 공명되는 가치
들이 있기 때문이다.

La Pedrera (Casa Milà)
Provença, 261 - 265. 08008, Barcelona
www.lapedreraeducacio.org

November 5 — February 28:
9.00 am — 6.30 pm
March 1 — November 4:
9.00 am — 8.00 pm

€ 16,50

모던함이란 과연 인간적인 개념일까? 그리고 직선으로 이루어지지 않은 이 건축이 왜 더 '인간적'으로 느껴지는 것일까? 마치 손으로 주물러서 빚은 듯한 모습이 어렸을 적 미술 시간에 손으로 진흙을 직접 이리저리 주물러서 만들었던 향수를 불러일으키는 것 같기도 하다.

유기적인 그러나 자세히 살펴보면 빈틈없이 계획적인 가우디의 디자인을 바라보면서, 오늘날 직선과 모던함 일색인 디자인의 대안이 무엇인가에 대해서 생각하게 된다.

가우디가 추구했던 건축 세계를 가만히 살펴보면 참 천진난만해 보이기도 하고 장난스러워 보이기도 하다. 직선과 대비되는 곡선으로만 이루어진 이 건축 앞에서 우리는 '건축이란 어때야만 한다'라는 고정관념이 철저히 깨지기도 한다.

41

디자인은 지역적이다

PARC GÜELL
ANTONI GAUDÍ
BARCELONA SPAIN
1914

Parc Güell
Carrer d'Olot 5 08024 Barcelona
www.parkguell.cat/en

October 25 — March 23:
8.30 am — 6.00 pm

March 24 — October 19:
8.00 am — 9.30 pm

€ 7,00 (Online)
€ 8,00 (Offline)

구엘 공원(Parc Güell)은
가우디의
꿈을 풀어놓은 공간이다.

가우디 특유의 트렌카디스(Trencadís 깨진 타일 등으로 만든 모자이크)로 이루어진 작품들을 곳곳에서 살펴볼 수 있다.

그러나 구엘 공원 등을 통해서 가우디는 단순하게 '특이한 경험'이나 '상상의 공간'만을 추구하려고 했던 것이 아니다. 그는 오히려 유럽의 지배문화권에서 점차 사라져가고 있던 카탈로니아(Catalan) 문화의 정체성을 Modernisme(우리가 흔히 아는 모더니즘과는 다른 운동)이라는 운동을 통해 새롭게 만들어나가길 원했다. 그리고 이 운동은 19세기 말과 20세기 초에 있었던 프랑스의 아르 누보(Art Nouveau) 운동과 독일의 유겐 스틸(Jugendstil) 운동과 맥을 같이한다.

그렇기에 구엘 공원에 가면 어떤 이상향에 대한 향수를 느낄 수 있다. 지금까지와는 다른 세상에 대한 동경, 그리고 지금은 너무나 당연시되는 디자인 언어에 대한 저항. 자연에서의 모티브를 최우선으로 삼고 가장 자연스럽게 그리고 모던한 느낌을 최대한 배제하는 것.

이러한 일련의 과정들이 왠지 모르게 눈물겹게 느껴지는 건, 지역성과 정체성에 대해서 끊임없이 고민하며 이를 지켜나가고자 했던 가우디의 노력과 또 이 공원을 지금까지 지켜 내려온 바르셀로나 시의 노력이 느껴지기 때문이다.

유럽 여행을 1, 2주 하다 보면
이제 '성당'이라고 하면 신물이 날 법도 하다.
프랑스의 웬만한 도시를 가도 노트르담(Notre
Dame)이 있고, 이탈리아의 웬만한 도시를 가도
두오모(Duomo)가 있기 때문이다.
(각각 성당을 대변하는 단어들이다.)

그런데 이러한 성당의 특징 중 하나는 정말 오랜
기간에 걸쳐서 만들어졌다는 점이다. 심지어는 수
세기에 걸쳐 만든 성당이 있을 정도로, 하나의 성
당에는 바로크 스타일만 있는 것이 아니라 세기별
로 발전해온 건축 양식이 덧입힌 경우도 있고 기
존의 디자인에서 크게 벗어나 완전히 새롭게 탈바
꿈했음을 알게 해주는 성당도 많이 있다. 이렇듯
신앙의 중심지이자 한 도심의 중심지 역할을 했던
성당은 보다 더 근원적인 차원에서 볼 때, 영원에
대한 갈망이자 하나님에 대한 열렬한 동경의 표시
이다.

그런데 만약, 오늘날에도 100여 년이 넘게 성
당을 짓고 있다면 이해가 갈까? 십 몇 년만 지나
도 동네를 알아볼 수 없을 정도로 빠른 건축과 개
발에 익숙한 우리에게, 100년 동안 건축물 하나
를 '오늘도' 짓고 있다면 이 사실을 믿을 수나 있을
까?

사그라다 파밀리아
(Sagrada Familia)의
건축은 1882년도에
시작되었다.

즉 ,130년 전에 시작된 프로젝트가, 아니 보다 더
거시적으로 본다면 19세기 말엽에 시작된 건축
프로젝트가 21세기 초중반에 완성이 된다는 이야
기다. 사그라다 파밀리아의 예상 완공일은 2026
년이며 이는 가우디의 죽음 100주년 기념해이기
도 하다. 1926년 가우디가 죽었을 때 사그라다
파밀리아의 완공률이 약 20%에 불과했다고 하
니, 개인의 일생을 뛰어넘는 프로젝트가 오늘날에
도 존재한다는 것이 경이로울 따름이다.

**Basílica i Temple Expiatori
de la Sagrada Família**
Calle de Mallorca, 401, 08013 Barcelona
www.sagradafamilia.cat/sf-eng/

October — March: 9.00 am — 6.00 pm
April — September: 9.00 am — 8.00 pm

Basilica visit:
€ 3,50

Basilica visit + Gaudí House Museum:
€ 17,00

이렇게 오늘도 만들어지고 있을 사그라다 파밀리아를 보면서 드는 또 하나의 생각은 도대체 '이 건축을 왜 지속해야 하는가?'에 대한 질문보다 '이 건축을 지속함으로써 얻게 되는 것들이 과연 무엇인가?'라는 질문이다.

사실 이는 돈으로 환산할 수 없는 것들일지 모른다. 눈으로 보이는 건 사그라다 파밀리아라는 하나의 성당이지만, 실제로 완성되고 있는 건 눈으로 볼 수 없는 가치와 신념이 아닐까? 이 하나의 위대한 건축을 통해서 여러 사람들의 땀과 노력이 하나로 응집될 수 있는 것, 그리고 이러한 결과물이 바르셀로나를 상징하는 실루엣이 되어 세계 각지의 사람들을 끌어모을 수 있다는 것. 사그라다 파밀리아는 오늘날도 현재 진행형이며 완성이 되는 그날까지 지난 시간보다 더 많은 인내가 필요할지도 모른다.

그 어떤 성당과 마찬가지로 사그라다 파밀리아 내부에 들어서면 높은 천장과 그 사이로 나무를 모티브로 만들어진 기둥들을 볼 수가 있는데, 이 오묘하고 신기한 공간 속에서 우리는 기존의 성당 건물과는 차원이 다른 세계를 맞이하게 된다. 조용하고 엄숙하기보다는 화려하고 자기 과시적이며 어찌 보면 관능적이기도 한 이 건축 앞에 도대체 우리는 어떠한 마음가짐을 가져야 하는 걸까?

43

PAVELLÓ
MIES VAN DER ROHE
L. MIES VAN DER ROHE
BARCELONA SPAIN
1986

Pavelló Mies van der Rohe
Av. Francesc Ferrer i Guàrdia 7
www.miesbcn.com

Open Everyday:
10.00 am — 8.00 pm

€ 5,00

20세기 초, 바르셀로나는 '바르셀로나
국제 엑스포'라는 중요한 국제 행사를 치렀다.
이 엑스포에서 독일의 전시관을 맡았던
미에스 반 데 로어(Mies van der Rohe)는
이 임시 건축물을 '두고두고 남을' 건축으로
만들어 버렸다.

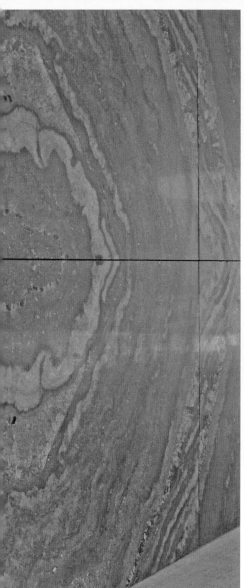

미에스 반 데 로어 파빌리온(Pavelló Mies van der Rohe)이라고 알려진 이 임시 건축물은 엑스포가 끝나자마자 1년도 안 되어 해체되었지만, 1986년도에 다시 세워지게 된다.

파빌리온은 생각보다 규모가 작지만 이 아담한 규모 안에 모더니즘이란 무엇인가에 대한 답을 찾을 수가 있다. 오로지 직선과 비율 그리고 대리석, 붉은 오닉스, 트래버틴(석회질 용천 침전물)이라는 고급 재료들을 통해 반 데 로어는 공간이라는 무형의 자산을 너무나 자유자재로 풀어냈다. 그가

원하는 동선을 따라서 관람객들이 움직일 때, 이 자그마한 파빌리온을 통해서 관람객들은 반 데 로어가 전달코자 했던 그 고요함과 잠잠함 속에 서서히 빠져들 수 있다.

이렇듯 무언가를 최소한의 요소들로 디자인할 때 중요한 것은 '디테일'이다. 모든 요소들이 조화를 이루고 있을 때 조그마한 오차는 그 자체로 균형을 깨뜨리기 때문이다. 미니멀하고 심플한 디자인일수록 완벽에 대한 결벽은 최고조에 달한다.

그러한 이유 때문일까? 미에스 반 데 로어의 파빌리온을 거닐다 보면 조그마한 디테일에 감동을 받게 된다. 천장의 높이와 햇살이 들어오는 각도까지 계산해 놓은 듯한 길이, 물이 더 영롱하게 반사되기 위해서 깔아놓은 재료들, 그리고 조각상의 위치까지. 건축가가 의도했든 의도하지 않았든 이 조그만 완성품에 나만의 해석을 집어넣을 수 있다는 건 최소한의 요소들로 함축적인 의미를 담음으로써 관람객들에게 '생각의 여지'를 남겨주었기 때문이다.

TORRE TELEFÓNICA
SANTIAGO CALATRAVA
BARCELONA SPAIN
1992

'산티아고 칼라트라바
(Santiago Calatrava)'라
디자이너에게 관심이 가게
된 것은 순전히 이 탑 때문이었다.

Telefónica

**Torre Telefónica
(Torre Calatrava)**
08004 Barcelona

칼라트라바 탑(Torre Calatrava)으로도 알려진 이 라디오 송신탑은 1992년 바르셀로나 올림픽을 위해서 만들어졌기 때문에 몬주익 공원의 올림픽 경기장 옆에 위치해 있다.

이 탑이 가지고 있는 신기한 점 중 하나는 조각품의 느낌이 강하게 든다는 점이다. 탑을 디자인한 칼라트라바에 의하면 이 탑의 모양은 성화를 들고 있는 운동 선수의 모습에서 나왔다고 하는데, 이렇듯 생물체를 닮은 듯한 탑은 보는 이의 본능을 자극하는 듯하다. 손을 조금만 대면 부러질 것 같은 느낌과 함께, 완벽하게 균형이 잡혀 있는 듯한 모습이 공존한다. 신기하게도 이러한 모순 때문인지, 이 라디오 송신탑에 무언가 모를 애착이 간다.

사실 오늘날 조각이라는 예술의 '장르'는 사라진 것처럼 보인다. 파리에 있는 루브르 박물관이나 로댕 박물관 등 박물관에나 가야 볼 수 있을 뿐, 일상에서 조각을 감상할 수 있는 경우는 거의 없다. 그러나 여기 바르셀로나에 우뚝 서 있는 칼라트라바 탑은 오늘날 사라진 줄만 알았던 조각이 이렇게 재해석될 수도 있겠다는 느낌을 갖게 한다.

45
디자인은 하얗다

**MUSEU D'ART CONTEMPORANI
DE BARCELONA**
RICHARD MEIER
BARCELONA SPAIN
1995

Museu d'Art Contemporani de Barcelona (MACBA)

Plaça dels Àngels, 1 08001 Barcelona
www.macba.cat

September 25 — June 23:
Mon, Wed, Thu & Fri: 11.00 am — 7.30 pm
Saturday: 10.00 am — 9.00 pm
Sunday: 10.00 am — 3.00 pm

June 24 — September 24:
Mon, Wed & Thu: 11.00 am — 8.00 pm
Friday & Saturday: 11.00 am — 10.00 pm
Sunday: 10.00 am — 3.00 pm

€ 9,00

하얀색의 디자인하면 떠오르는 것이 애플의 제품들이다. 하지만 건축에서만큼은 하얀색의 디자인하면 떠오르는 건축가가 바로 리처드 마이어(Richard Meier)이다. 그가 디자인한 **바르셀로나 현대 미술관(Museu d'Art Contemporani de Barcelona)**은 어찌 보면 그의 철학이 가장 잘 드러난 작품이기도 하다.

바르셀로나는 유럽 전역에서 가장 좋은 햇빛을 가지고 있다. 이러한 햇빛을 가장 확연하게 드러낼 수 있는 건물은 아마 흰색의 건물일 것이다. 마치 그리스의 산토리니(Santorini) 해변에 즐비하게 늘어선 흰색의 집들이 너무나 아름다운 장관을 연출하듯이, 리처드 마이어의 흰색 건물은 햇빛을 가장 아름답고 섬세하게 표현해내는 수단이 된다.

특히 현대 미술관이 위치하고 있는 지역은 바르셀로나에서 고풍스러운 건물이 즐비한 지역이다. 그 안에서 넓은 창과 흰색의 외벽으로 된 미술관과 함께 광장이 자리를 잡자 현지 미디어는 이를 두고 '바르셀로나의 진주'라고까지 극찬을 했는데, 실제 이곳은 하얀색 건축이 가장 잘 표현된 곳이다.

46

미치오은 나채즐다

TORRE AGBAR
JEAN NOUVEL
BARCELONA SPAIN
2005

Torre Agbar
Avinguda Diagonal, 211, 08018 Barcelona
www.torreagbar.com

Private

Illumination (Winter):
Friday, Saturday & Sunday:
8.00 pm —11.00 pm

Illumination (Summer):
Friday, Saturday & Sunday:
9.00 pm — Midnight

토레 아그바(Torre Agbar)는 런던의 30 St Mary Axe와 비교했을 때 외양만 보면 매우 비슷한 모양의 빌딩이기도 하다. 심지어 1년이나 늦게 지어지기조차 했다(런던의 30 St Mary Axe가 2004년, 토레 아그바가 2005년).

그런데 많은 이들이 장 누벨(Jean Nouvel)의 토레 아그바에 대해서 극찬을 마다하지 않는다. 노먼 포스터(Norman Foster)의 건축이 매우 단순하고 간결함을 추구했다면, 장 누벨의 건축은 오히려 다채로움과 화려함을 추구했다. 그리고 이는 각각의 건축이 위치한 도시의 차이만큼이나 놀라운 차이를 만들어냈다.

무엇보다 이를 디자인한 건축가 장 누벨에 의하면 토레 아그바는 바르셀로나에서 조금 떨어진 몬세라(Montserrat) 바위에서 영감을 받았다(고 한다). 몬세라 바위는 카탈로니아 문화권에서 우리나라로 치면 지리산 내지 백두산의 개념에 가까운 곳이다. 때문에 토레 아그바의 실루엣을 가만히 살펴보면, 아주 매끈하고 인공적인 30 St Mary Axe와는 달리, 오히려 자연적으로 솟아오른 게 아닐까 하는 느낌마저 든다.

또한 표면에 위치한 수많은 패널들과 그 안에 칠해진 빨간색과 파란색의 조합은, 토레 아그바가 일반적인 '고층 건물'에서 얼마나 벗어나고자 했는지를 보여준다.

토레 아그바는 처음 봤을 때 그다지 아름다운 느낌이 들지 않을 수 있다. 그러나 보면 볼수록 사랑스러워지는 건축이다.

BILBAO
SPAIN

47 — 48

이 책의 마지막 도시
빌바오를 소개한다.

사실 빌바오는 '빌바오 구겐하임 미술관(Guggenheim Museum Bilbao)'
하나만 보러 가기에도 충분한 도시이다.
베니티 페어지(Vanity Fair)가 뽑은 20세기 가장 위대한 건축가
'프랭크 게리(Frank Gehry)'의 걸작이 있기 때문이다.
이는 세계에서 가장 유명한 건축물이자 동시에 가장 아름다운 빌딩이기도 하다.
이 미술관은 단순하게 빌바오 구겐하임 미술관을 20세기의 아이콘으로 바꾸는 것에 그치지 않고
빌바오라는 도시 전체를 완전히 바꾸어 버렸다.
이러한 건축의 힘을 느낄 수 있는 도시, 이 책의 마지막 도시, 스페인의 빌바오를 소개한다.

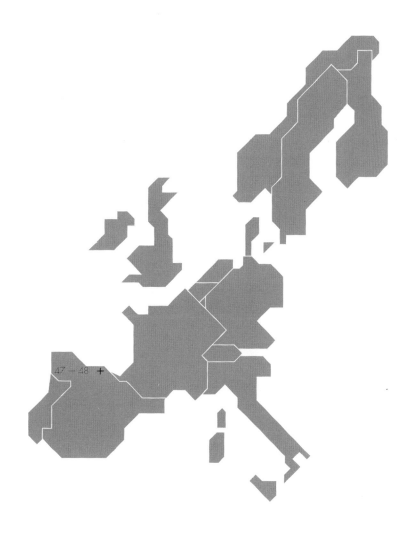

47 – 48 +

47

48

47 빌바오 지하철   **48** 빌바오 구겐하임 미술관

런던의 지하철은 왜 이리도 비좁은 걸까?
100년을 훌쩍 넘는 역사를 보유하고 있기에,
런던의 유명한 '튜브(Tube 지하철)'는 어찌 보면
가장 전통적인 교통수단의 하나로 분류되어야
할지도 모른다.

Metro de Bilbao
Bilbao

One way Trip:
1 zone € 1,20
2 zone € 1,35
3 zone € 1,45

런던의 매우 비좁고 오래된 지하철. 하지만 정작 그 영국 출신의 스타 디자이너 노먼 포스터(Norman Foster)는 런던의 지하철은 손대지 않았으면서, 스페인의 조그마한 예술 도시 **빌바오 지하철(Metro Bilbao)**을 디자인했다. 그리고 그의 디자인은 지하철이라는 교통수단을 너무나 아름답게 풀어냈다.

강남역의 입구를 보면 빌바오의 지하철 입구와 매우 흡사한 디자인을 발견할 수 있다. 그러나 조형적인 면에서 본다면, 그리고 재료의 상태와 마감 상태를 본다면, 강남역 지하철 입구와 빌바오 지하철 입구의 외관은 비슷할지 몰라도, 이 둘은 차원이 다른 디자인임을 알 수 있다.

포스터 특유의 유리로 된 곡선이 입구에 등장하고, 에스컬레이터를 타고 내려가면 정말 미니멀하고 아름다운 역사가 기다리고 있다. 어지럽지도 않고, 혼란스럽지도 않은, 단순하면서도 명쾌한 디자인. 빌바오의 메트로는 교통수단이 아름답게 될 때 우리의 일상도 얼마나 아름답게 될 수 있는지에 대해서 유쾌한 상상을 하게 만들어준다.

48 디자인은 영감이다

GUGGENHEIM MUSEUM
BILBAO
FRANK O GEHR
BILBAO SPAIN
1991

디자인이 줄 수 있는 최고의 감동은 무엇일까?

디자인을 통해서 생활이 편리해지고, 할 수 없던 일들을 할 수 있게 되고, 또한 시각적인 즐거움을 얻는 건 분명 좋은 일이다. 그러나 디자인이 거기에서 그친다면 디자인은 그 자체가 목적이 되어버리지 않고 기능과 편의 혹은 외양을 위한 도구로 만 남게 된다. 디자인이 목적이 될 때 우리는 디자인의 새로운 차원을 경험하게 되는데, 내게 디자인의 최종목적은 바로 영감을 주는 것이다.

영감은 과연 어디서 오는 걸까? 영감을 받는 방법은 사람에 따라서, 그리고 상황에 따라서 천차만별이지만 공통적인 속성도 지니고 있다. 바로 영감을 받은 순간만큼은 사람들이 다 기억을 한다는 점이다.

이해가 가지 않던 것들이 이해가 가기 시작할 때, 지금까지 관심조차 주지 않았던 것들에 대해서 무한한 관심과 열정이 생겨날 때, 그리고 머리가 아닌 가슴이 먼저 뛰기 시작할 때 우리는 그 순간들을 평생 잊지 못할 잔상으로 마음속 깊이 기록해 버린다. 나도 모르게.

프랭크 게리가 디자인한 **빌바오 구겐하임 미술관(Guggenheim Museum Bilbao)**은 그러한 의미에서 영감을 주는 디자인이다. 디자인의 최고의 경지에 이르렀다고 하면 너무나 과한 표현일까?

미국 건축계의 거장이자 프리츠커 상을 수상한 **필립 존슨(Philip Johnson)**은 이 건물을 보는 순간, 80이 넘는 나이임에도 불구하고 눈에 눈물이 고인 채 이런 말을 남겼다.

"이 시대 최고의 건축이다."

Guggenheim Museum Bilbao
Avenida Abandoibarra, 2 48001 Bilbao
www.guggenheim-bilbao.es

Tuesday — Sunday: 10.00 am — 8.00 pm
July — Aug: All day open

€ 8,00

빌바오 구겐하임 미술관에서 가장 기억에 남는 전시는 리처드 세라(Richard Serra)의 상설 전시다. 엄청난 크기의 철판이 둘둘 말려 있는 이 전시의 이름은 The Matter of Time(시간의 문제)'이다. 마치 구겐하임 미술관의 외관과 마찬가지로 이 엄청난 크기의 철판 사이를 걸어 다니다 보면, 크기와 중압감에 압도당하는 경험을 할 수 있다.

시간의 흐름에 따라서 부식이 진행되고 더 아름다워지는 소재이기에, 자연스럽게 말려 있는 이 철판들 사이에서 나를 둘러싼 공간에 대해서 이토록 큰 감동을 느낀 적이 있나 싶을 정도였다.

어떻게 보면 빌바오 구겐하임 미술관이 주는 압도감이 부담스러울 수도 있다. 오히려 조금은 더 친밀하고 은은한 건축을 선호할 수도 있다. 특히 구겐하임 미술관의 경우 자신의 존재감을 너무나 휘황찬란하게 뽐내는 것 같아 보는 이들로 하여금 불편함을 주기도 한다.

그러나 그럼에도 불구하고 이 육중한 존재감이 우리에게 제시하는 질문들과 감동, 그리고 이 건축을 통해서만 느끼게 되는 감동은 평생토록 잊지 못 할 것 같다.

THE TRIP ENDS

여행을 끝내다

사실, 건축을 보고
동일한 감동을 받기란
쉽지 않다.

나에게만 맞는 옷이 있는 것처럼
나에게만 맞는 건축이 존재하기 때문이다.
같은 에펠탑을 보고도 누구는 감동을 받지만,
누구는 '실제로 보니까 별로네'라는 반응이
나올 수도 있다.

이는 비단 건축뿐만이 아니라 도시에도 적용된다. 실제로 파리를 좋아하는 사람과 런던을 좋아하는 사람을 비교해보면 각자 취향과 디자인에 대한 생각에 차이가 있음을 알 수 있다(이 두 도시를 동시에 좋아하는 사람도 간혹 있지만).

이 책에 나와 있는 모든 건축들을 보면서 '꼭 가 보고 싶다'란 느낌이 안 든다면, 그게 오히려 정상이다. 디자인 매니페스토를 읽으면서 '이건 아닌데' '내가 갔는데 전혀 이런 느낌은 안 받았는데' 혹은 '디자인이 이렇지 않은데'라는 반응이 나온다면 이 책을 제대로 읽은 것이다. 왜냐하면 이 책은 여행을 통해 받은 감동을 설득하기 위한 책이 아니기 때문이다.

오히려 이 책은
건축과 디자인에 관심이
없는 사람에게
관심을 만드는 데 있다.

감동의 지평선은 넓어질 수 있다

여행을 갔다 와서 느낀 점은 여행이 한낱 '한여름 밤의 꿈'으로 남게 된다면 이는 현실을 도피하기 위한 수단에 불과할 뿐이라는 점이었다. 오히려 여행을 통해 일상을 새롭게 조명하고 또 전에는 못 보던 것들을 새롭게 볼 수 있을 때, '감동'은 한낱 여행지에서만 맛보는 쾌감이 아니라 일상에서 누릴 수 있는 즐거움이 된다.

책을 마무리하면서 드는 생각은 감동이란 무언가 '새로운 자극'을 찾아 나서는 것이 아니라 주어진 상황과 환경 속에서 '아름다움'을 찾는 것에 가깝다는 것이다. 사실, 새로운 목적지를 향해서 계속 나아가는 여행과는 달리 단조롭고 반복적인 것으로 가득 차 있는 일상에서 감동을 찾기란 쉽지 않다.

그러나 별 감흥이 없던 그런 환경 속에서도 어느 순간 감동적인 요소들을 발견하게 될 때의 기쁨이란 이루 말할 수 없다.

건축 그리고 가구

마찬가지로 이 책을 통해서 건축에 조금이나마 관심을 가지게 된다면 이는 의미 있는 시작이다. 머지않아 가구에도 관심을 갖게 될 것이고 심지어는 조명에도 관심을 가질 수 있다. 공간이 주는 평안함과 기쁨. 그리고 이를 구성하고 있는 요소들의 조화. 이러한 것들에 관심을 갖고 아름다움을 찾아 나선다면 우리의 삶이 보다 더 감동으로 다가올 것이다.

실제 유럽을 갈 계획이 있었는데 '이 건축은 한번 볼까?'라고 목적지를 추가하게 된다거나, 이미 갔다 온 유럽이지만 '다음번에는 여길 가봐야겠다'라는 생각이 든다면 이 책은 소기의 목적을 달성한 것이다.

설령 유럽에 갈 생각이 없다고 하더라도 '건축을 통해 이런 생각을 할 수도 있구나'라는 생각만 들어도 좋다. 가장 좋은 건 내가 직접 가보고 싶은 곳을 설정하고 이를 실제로 가본 후에 나의 반응을 살펴보는 것이다.

사진으로 봤던 것과 어떤 차이가 있는지, 책이나 가이드 책자에서 말하는 내용과 얼마나 다른지, 실제로 보고 비교하는 과정 속에서 나의 감정과 느낌에 대해서 솔직해질 수 있기 때문이다. 바로 여기에서 감각이 발달한다.

PHOTO CREDITS

이 책을 가능케 해준
133인의 플리커 유저분들

FRANCE
La Tour Eiffel
Larry Johnson
levork
LWY
m-louis
ros k @ getfunky_paris
Yann Caradec
Institut du Monde Arabe
_
Groume
LeonL
La Grande Arche de la Défense
Adrian Paleacu
Alberto OG
claytron
florianplag
Matt Biddulph
Stig Nygaard
Pyramide du Louvre
christine zenino
johntrainor
Viq111
zoetnet
Bibliothèque nationale de France
dalbera
Tab59
tiseb
(vincent desjardins)
Centre Georges Pompidou
Roberto Taddeo
Rui Ornelas
Thomas Claveirole
waitscm
zoetnet
Musée de l'Orangerie
Allie_Caulfieldllie_
Caulfield
LWY
Cité de l'Architecture et du Patrimoine
dalbera
Gaël Chardon
—
UNITED KINGDOM
Tate Modern
andrew j w
gadgetdude
Leigh Harries
Ted and Jen
Loz Flowers
C. G. P. Grey
Serpentine Gallery Pavilion
ahisgett
Alan Stanton
Loz Flowers
City Hall of London
aurélien.
Design Museum

|| UggBoy♥UggGirl || PHOTO || WORLD || TRAVEL ||
garybembridge
Lloyd's Building
ahisgett
Martin Pettitt
micurs
stevecadman
30 St Mary Axe (The Gherkhin)
aurélien.
HerryLawford
Ian Muttoo
markhillary
London Eye (EDF Energy London Eye)
Jim Bahn
martie1swart
matt-lucht
—
GERMANY
Reichstag Dome
–Filippo–
Oh-Berlin.com
Petteri Sulonen
PK Fotografie
skpy
Jüdisches Museum Berlin
Alsaarom
dalbera
Falling Outside The JimmyY2K
Normal Moral Constraints
O Emmanuel
Olivier Bruchez
Neue Nationalgalerie
JasonParis
rosmary
stephane333
Ted and Jen
DZ Bank / Axica
addedentry
Marco Bellucci
Bauhaus Museum Weimar
tm-md
Dessau Bauhaus Building
drz image
Nate Robert
Zuggup
Bauhaus-Archiv Museum of Design
Marco Hamersma
Seth Tisue
subtlebydesign
Velcro.
Zollverein
ajok
Bochum1805
brandbook.de
Michael.Doering
Red Dot Design Museum
Sungjee Yoo

Mercedes-Benz Museum
moedermens
Sungjee Yoo
BMW Welt & BMW Museum
Ole1981
SorinNechita
Stefanie Schwarz
Robert Scoble
Sungjee Yoo
World-wide-gifts.com
Porsche Museum
akasped
marceloilers
Sungjee Yoo
—
SWITZERLAND
Vitra Campus
hom26
ikbenmooi.com
Markus Keuter
Vitra Design Museum
Markus Keuter
O Emmanuel
roryrory
VitraHaus
Markus Keuter
Fondation Beyeler
CHRISTOPHER MACSURAK
yellow book
—
DENMARK
Designmuseum Danmark
veritatem
Dansk Design Center (DDC)
Double Feature
veritatem
Radisson Blu Royal Hotel
Richard Moross
Sarah_Ackerman
Den Sorte Diamant
La Citta Vita
Louisiana Museum of Modern Art
Håkan Dahlström
Giâm
plindberg
—
NORWAY
Operahuset i Oslo
dalbera
Mari Smith
MGSpiller
VisitOSLO
—
NETHERLANDS
Rotterdam
rick ligthelm
De Hef, Erasmusbrug, De Brug Rotterdam
LukePricePhotography

andre.m(eye)r.vitali
James G. Milles
—
SPAIN
La Pedrera (Casa Milà)
ahisgett
lukasz dzierzanowski
trioptikmal
Parc Güell
Effervescing Elephant
froderamone
George M. Groutas
Basílica i Temple Expiatori de la Sagrada Família
beezer123
dbaron
pcambraf
Rob Shenk
twicepix
Pavelló Mies van der Rohe
Kent Wang
Ran Yaniv Hartstein
SrLigYnnek
Torre Telefónica (Torre Calatrava)
Andy_Mitchell_UK
Jaume Meneses
Toni Carvajal
Museu d'Art Contemporani de Barcelona
AdasArdor
ewout
JasonParis
Torre Agbar
Michela Simoncini
Viajar24h.com
Metro de Bilbao
JasonParis
Jordi Payà
tompagenet
Guggenheim Museum Bilbao
andynash
dbaron
dcaceresd
EEPaul
Kent Wang
rayand
tiseb

THANKS TO —

유럽 여행에서 도움을 주신 분들

프랑스 France
김명진 Myungjin Chloe Kim

영국 United Kingdom
함수민 Someen Hahm

독일 Germany
최성실 Sungshil Choi

덴마크 Denmark
다니엘 뒵달 Daniel Dybdal

벨기에 Belgium
오예선 Yesun Oh

크로아티아 Croatia
안나 마르크츠 Anna Mrkc

핀란드 Finland
이자연 Jayoun Lee

미국에서 용기를 주신 분들

강병조 Joe Kang
강영열 Fred Y. Kang
송영길 Young Song
신재환 Jae Whan Shin
조예원 Yewon Cho

디자인과 브랜드에 감각이 있는 vip 분들

김광현 Shine Kim
김서륭 Ljung Kim
김재기 Jaeki Kim
김준수 Joonsoo Kim
김현정 Hyun Jeong Kim
김혜림 Hyerim Kim
박은주 Eunjoo Park
유수현 Suhyun Yoo
이수진 Soojin Lee
이예지 Yeji Lee
장정은 Jung Eun Chang
장한얼 Han Earl Jang
조연지 Yeunji Cho
조용석 Yongseok Cho
최은아 Eunah Choi
함영준 Youngjoon Ham

디자인과 출판에 힘을 주신 분들

강영훈 Yunghun Kang
고경돈 Kyung Ko
김재홍 Josh Jaehong Kim
노성일 Sungil Noh
백재민 Jean Paik
손상원 Sangwon Son
이은정 Eunjung Lee
이지은 Jieun Lee
정은기 Eunki Chung

그리고 이 책이 발간되기까지 나를 아낌없이 믿어주시고 이끌어주신,
사랑하는 부모님과 하나뿐인 내 동생 —